D0937358

Comment atteindre facilement tous vos objectifs personnels

Dr Maxwell Maltz
M.D., F.I.C.S

Comment atteindre facilement tous vos objectifs personnels

La méthode scientifique du *face lift psychologique* pour acquérir une personnalité à succès

 PUBLICATIONS GOLDEN GLOBE

Collection «Développement personnel»

Préface du traducteur

La Psychocybernétique complète les techniques actuelles dites d'éveil ou de développement du potentiel humain, telles que la bio-énergie, la gestalt-thérapie, la sophrologie, etc. Mon expérience en ces techniques m'autorise à affirmer que la Psychocybernétique les surpasse et vient les couronner.

Il m'est agréable de pouvoir enfin présenter aux lecteurs de langue française, l'édition de ce livre extraordinaire du docteur Maltz, dont il s'est vendu plusieurs millions d'exemplaires aux États-Unis.

Le mot «cybernétique» a été créé par Ampère en 1834. Il vient de Kybernétike qui signifie «art de piloter un navire». Mais c'est principalement le Docteur Norbert Wiener qui en a fait une science qu'il définit ainsi: «le champ entier de la théorie de la commande et de la connaissance, aussi bien dans la machine que dans l'animal». La cybernétique a aussi été définie comme «l'art de rendre l'action efficace» (Couffignal) ou «l'étude de la dynamique des structures» (Laborit). Ce livre nous donne, de la manière la plus accessible à tous, la méthode pour appliquer les principes de la cybernétique afin de programmer notre subconscient dans le but de rendre notre vie quotidienne plus efficace et plus épanouie.

C'est donc un médecin, le docteur MALTZ, spécialisé en chirurgie esthétique, qui est à l'origine de la Psychocybernétique, synthèse magistrale de différents processus, à la fois psychologiques et physiologiques. Plusieurs fois, Maltz fut surpris par le fait que la modification dans l'apparence physique entraînait une révolution heureuse dans le psychisme de la personne. Mais parfois le sujet n'en retirait aucun bénéfice, allant jusqu'à nier qu'il y eut vraiment opération. Maltz en vint à la conclusion qu'il existe un élément intérieur qui provoque le changement de nos attitudes. Agir sur cet élément intérieur devrait donc entraîner un changement de notre comportement.

La Psychocybernétique nous apprend comment se connecter sur cet élément intérieur qui ensuite opérera sur notre comportement. C'est cet élément interne — le subconscient et sa nouvelle mémoire — qui doit opérer automatiquement, en dehors de la conscience rationnelle. Il est donc nécessaire de supprimer momentanément la critique, le jugement, au cours du déroulement dynamique des nouvelles forces cherchant à se mettre en place. Pour réussir il vous appartient de faire appel à tous les niveaux de votre être, les niveaux physique, émotionnel, intellectuel et idéal, le tout englobé dans un processus d'Imagerie

7

intérieure ou d'Imagination active. En outre, pour l'inconscient, il n'y a pas de temps passé ou futur, seulement celui du désir actuel (ou d'une envie ancienne qui se répète). Une comparaison va nous aider: lorsque nous avons faim, ce désir vit à l'instant, totalement. Allez-vous dire: «j'ai fait un très bon repas la semaine dernière» ou «à la fin de l'année je mangerai très bien»; non, nous avons faim aujourd'hui, quelles que soient nos satisfactions passées ou à venir. Dans le développement de l'Image-de-Soi, le vécu doit être sans délai. C'est aller à l'échec si nous cherchons comment nous allons «devenir»; il faut se voir tel que l'on veut être tout de suite. La difficulté est évidemment d'oublier la condition présente, vraie, réelle, parfois cruelle et pénible, pour se «brancher» sur la nouvelle réalité qui doit vivre dès maintenant.

L'Image-de-Soi n'est pas un procédé pour agir sur les autres, sur le monde extérieur. L'Image-de-Soi n'est efficace que dans la mesure où elle s'exerce sur nous-même en tant que création (à la fois extérieure et intérieure). Ainsi l'acteur se transforme d'abord lui-même pour être prêt à satisfaire et à répondre à son public, lequel est seul juge de sa réussite au niveau concret. L'Image-de-Soi est efficace de la même façon; elle nous aide d'abord à nous changer et à être prêt pour la situation nouvelle que nous envisageons; mais l'Image-de-Soi est totalement inefficace si on s'en sert pour modifier les autres ou les événements sans d'abord se changer soi-même.

La Psychocybernétique n'isole pas l'individu de son milieu d'évolution mais au contraire les associe, rejoignant ainsi la gestalt-thérapie qui a pour but de lier la forme — la personnalité — avec le fond — l'environnement. Dans la programmation de l'Image-de-Soi, il est donc extrêmement important d'inclure la représentation de notre Univers; c'est-à-dire qu'il faut mettre dans l'Image-de-Soi tout notre environnement comme si c'était une entité vivante, pour aboutir à l'accord du fond et de la forme, lequel va signifier une situation nouvelle, comme un bouquet de fleurs se distingue du décor sans s'isoler de lui, ou comme un soliste se détache de l'orchestre sans pour cela le quitter. En définitive, lorsque le fond est étranger à la forme, l'homme se trouve «décalé» et ne peut plus viser correctement son but. Le projet de la Psychocybernétique est de nous rendre le moyen de redevenir ce que Maltz appelle un «être tendu vers un but».

L'Image-de-Soi ne se transforme pas par une représentation intellectuelle mais par une activité générale faisant appel à l'émotion. Pour y parvenir, il faut donc se déconnecter du mental excessif — qui juge, rationalise et réclame des preuves sous forme d'opinions — afin de se laisser littéralement imbiber d'une imagerie active.

L'efficacité de la Psychocybernétique ne se limite pas au développement d'une nouvelle Image-de-Soi; elle doit se compléter d'une preuve par l'accomplissement concret des buts recherchés et cela dans tous les domaines aussi bien pour combattre la dépression nerveuse, la timidité, l'alcoolisme, la toxicomanie que pour développer la créativité, la mémoire, la concentration, l'épanouissement de soi, ou pour apprendre plus rapidement une langue, mieux réussir ses examens, parler en public, etc.

8

AVANT-PROPOS

Comment utiliser ce livre pour transformer votre vie

La découverte de l'Image-de-Soi représente une véritable percée dans le domaine de la Psychologie et de la créativité humaine. Tout chirurgien en esthétique *est* et *doit être* psychologue, qu'il le veuille ou non. Lorsque vous modifiez le visage d'une personne, invariablement vous modifiez sa vie future. Changez son image physique et bientôt vous aurez changé cet individu — sa personnalité, son comportement — et quelque fois même ses aptitudes et ses possibilités, mais la beauté est plus qu'une affaire de peau. Un chirurgien en esthétique n'améliore pas seulement le visage d'un individu. Il améliore aussi son moi intérieur. Cela fait déjà bien longtemps que j'ai décidé d'accepter cette responsabilité redoutable et que je me dois, tant à moi-même qu'à mes patients, de connaître les conséquences de ce que je fais.

Les échecs qui conduisent au succès

Dans un livre précédent écrit il y a vingt ans (New Faces-New Futures), j'ai décrit quelques séries de cas où la chirurgie esthétique, et particulièrement la chirurgie esthétique faciale, a ouvert la porte à une nouvelle vie pour de nombreuses personnes. Toutefois, quelques patients ne montrèrent aucun changement de personnalité après leur opération. Dans la plupart des cas la personne qui, ayant manifestement un visage laid ou une physionomie bizarre se fait opérer, va se découvrir une estime de soi et une confiance en soi presqu'immédiate (habituellement en 21 jours). Mais en *certains cas*, le patient continue à se sentir inadapté et à éprouver des sentiments d'infériorité.

Le visage de la personnalité

C'était comme si la personnalité elle-même avait un «visage» non matériel lequel semble être la vraie clé du changement de la personnalité. S'il demeure

9

balafré, tordu, «laid» ou inférieur, la personne projette cet aspect dans son comportement sans tenir compte du changement de son apparence physique. Si ce «visage de la personnalité» pouvait être remodelé, si les cicatrices des vieilles émotions pouvaient être effacées, alors la personne elle-même changerait, sans le secours de la chirurgie esthétique. À partir du moment où je commençai à explorer ce domaine, je trouvai de plus en plus d'indices qui confirmèrent le fait que l'Image-de-Soi, le concept tant spirituel que mental que chaque individu se fait de lui-même — ou «représentation» de soi — constitue la vraie clé de la personnalité et du comportement.

Comment vous pouvez employer cette nouvelle connaissance
Principes généraux

«L'Image-de-Soi» constitue la clé de la personne humaine et du comportement humain. Changez l'Image-de-Soi et vous changerez votre personnalité et votre comportement.

Mais il y a plus que cela. L'Image-de-Soi établit la frontière de l'accomplissement personnel. Elle délimite ce que vous pouvez et ce que vous ne pouvez pas faire. Élargissez l'Image-de-Soi et vous élargirez le «domaine du possible». Le développement d'une Image-de-Soi réaliste, convenable, semble imprégner l'individu de nouvelles capacités, de nouveaux talents, et transformer littéralement l'échec en succès.

La psychologie de l'Image-de-Soi projette de nouvelles lumières sur «la puissance de la pensée positive», et, ce qui est le plus important, montre pourquoi «ça marche» avec certaines personnes et pas avec d'autres. (La «pensée positive» réussit lorsqu'elle est en harmonie avec l'Image-de-Soi, jusqu'au moment où l'Image-de-Soi elle-même aura été changée.)

Pour bien comprendre la psychologie de l'Image-de-Soi et l'utiliser dans votre vie, vous avez besoin de connaître quelques éléments du mécanisme qu'elle emploie pour parvenir à ses buts. De multiples faits scientifiques nous montrent que le cerveau humain et le système nerveux fonctionnent avec un but défini — selon les principes connus de la Cybernétique — pour mener à bonne fin les objectifs de l'individu.

Du point de vue de leur fonction, le cerveau et le système nerveux constituent un merveilleux et complexe «mécanique à tête chercheuse», une sorte de pilotage intérieur automatique qui travaille *pour* vous en tant que «mécanisme à succès» ou *contre* vous en tant que «mécanisme à échecs», selon la façon dont VOUS, l'opérateur, le réglez et selon les buts que vous lui donnez à atteindre.

Expérimenter: voilà le secret

L'Image-de-Soi, pour le meilleur et pour le pire, est transformée non par l'intellect seul ni par une connaissance intellectuelle mais par «l'expérience».

Consciemment ou inconsciemment, vous avez développé votre Image-de-Soi par vos expériences créatrices du passé. De la même façon vous pouvez la changer.

Ce n'est pas l'enfant à qui on parle d'amour mais l'enfant expérimentant l'amour qui, plus tard, devient un adulte en bonne santé, heureux et bien dans sa peau. Notre état actuel de confiance en soi et d'équilibre est plus le résultat de ce que nous avons «expérimenté» que de ce que nous avons appris intellectuellement.

La Science découvre l'expérience «synthétique»

Une autre découverte, cette fois dans le domaine de la psychologie expérimentale et clinique, va nous aider à comprendre «l'expérience vécue» en tant que méthode directe et contrôlée pour transformer l'Image-de-Soi. Concrètement l'expérience de la vie quotidienne peut être une école rude et sans pitié. Jetez un homme à la piscine et l'expérience peut lui apprendre à nager. La même expérience peut en noyer un autre. Depuis des siècles on a reconnu que «Rien ne fait mieux réussir que la réussite». La mémoire des succès passés agit comme une «réserve interne d'informations» qui nous procure la confiance en soi pour le travail présent. Mais comment une personne peut-elle retirer de sa mémoire des expériences de réussite lorsqu'elle a seulement expérimenté des échecs?

Ce dilemne est résolu par une autre importante découverte qui en toutes circonstances nous permet de synthétiser «l'expérience», de la créer littéralement, de la contrôler dans le laboratoire de nos pensées. Les psychologues cliniciens ont prouvé sans l'ombre d'un doute que le système nerveux végétatif ne peut pas faire la différence entre une expérience vécue «réellement» et une expérience *imaginée intensément jusque dans ses moindres détails.* Ceci peut vous sembler une affirmation gratuite et téméraire, mais dans ce livre vous verrez ces principes à l'oeuvre dans la vie des individus qui les ont employés pour développer leur talent à parler en public, pour acquérir l'art de vendre plus ou devenir plus expert aux échecs.

Comment vous servir de ce livre pour transformer votre vie

Ce livre n'a pas été écrit simplement pour être lu mais pour être *expérimenté.* Vous pouvez vous instruire en lisant ce livre. Mais pour l'«expérimenter» vous devez imaginer des réponses après vos lectures. S'Instruire est passif. En faire l'expérience est actif. Lorsque vous «expérimentez», quelque chose se passe dans votre système nerveux et dans votre cerveau. Votre matière grise enregistre de nouveaux «engrammes» et des «circuits neuroniques».

À la fin de chaque chapitre il n'y a pas de résumé mais à la place je vous demanderai d'écrire noir sur blanc les points les plus importants qui vous apparaissent des points-clés et qui devront être bien gardés en mémoire. L'information de ce livre sera beaucoup mieux assimilée si vous faites votre propre analyse et votre résumé de chaque chapitre. Enfin, tout au long de cet ouvrage, vous trouverez des exercices pratiques que je vous demande de faire. Ces exercices sont simples, faciles, mais ils doivent être accomplis régulièrement si vous voulez en retirer le maximum de bénéfices.

Réservez votre jugement pendant 21 jours

Ne vous découragez pas si rien ne semble arriver pendant que vous vous exercez aux différentes techniques de changement de vie décrites dans ce livre. Réservez plutôt votre jugement — et continuez à pratiquer — pendant une période minimum de 21 jours.

Habituellement, une image mentale ne donne d'effets qu'à partir de 21 jours environ. L'expérience de la chirurgie plastique révèle qu'il faut en général 21 jours, à un patient normal, pour acquérir l'habitude de son nouveau visage. Lorsqu'une jambe ou un bras est amputé, le «membre fantôme» persiste pendant au moins 21 jours. Pendant ce délai, ne soyez pas toujours en train de regarder en arrière pour mesurer vos progrès. Pendant ces 21 jours, n'intellectualisez pas avec les idées qui vous seront présentées; n'engagez pas un débat avec vous-même pour savoir si ça va marcher ou non. Faites les exercices, même s'ils semblent impossibles pour vous. Tenez ferme dans votre nouveau rôle en vous imaginant différent, même si cela vous paraît quelque peu hypocrite et même si vous sentez cette nouvelle Image-de-Soi un peu inconfortable et «non-naturelle».

La construction d'Une Image-de-Soi efficace est une entreprise qui doit s'étendre tout au long de la vie. Évidemment, on ne peut pas réaliser en trois semaines ce qui doit mettre toute une vie à croître. Mais en 3 semaines on peut faire l'expérience d'une amélioration... et quelquefois celle-ci est vraiment extraordinaire.

Qu'est-ce que le succès

Tout au long de ce livre, j'emploie les mots «succès» et «réussite»; aussi je crois qu'il est important que je définisse ces mots dès maintenant.

Tel que je l'emploie, le mot «succès» n'a rien à voir avec les idées de prestige, mais avec une réalisation créatrice. Strictement parlant, personne ne devrait s'efforcer d'être «un succès», mais chacun devrait et doit s'efforcer d'être «sa réussite». En essayant d'être «un succès» en termes d'acquisition de symboles de prestige et de décoration on prend le chemin qui conduit vers la névrose, la frustration et le manque de bonheur. Lutter pour être «sa réussite» procure non seulement le succès matériel mais également satisfaction, plénitude et joie.

Noah Webster définit ainsi la réussite: «la réalisation satisfaisante d'un but poursuivi». La tension créatrice vers un but qui est important pour *vous* car signifiant la somme de vos besoins vitaux, de vos aspirations et de vos talents (et non le rôle factice que les «guignons» voudraient vous voir jouer), amène le bonheur en même temps que le succès car alors vous «fonctionnez» de la façon dont vous étiez fait pour «fonctionner». L'Homme est par nature un être qui tend vers un but. Et parce que l'Homme est ainsi «construit», il n'est pas heureux sauf s'il adhère à cette signification: *un être tendu vers un but*. Ainsi le vrai succès et le vrai bonheur non seulement vont ensemble mais chacun met en valeur l'autre.

CHAPITRE I

L'Image-de-Soi:
la clé pour une vie meilleure

Votre clé pour une vie meilleure

La découverte la plus importante de ce siècle dans le domaine de la psychologie est celle de «l'Image-de-Soi». Que nous en ayons conscience ou non, chacun de nous porte en lui un plan ou une image mentale de lui-même. Elle peut être vague et mal définie pour notre regard conscient. En réalité, elle peut ne pas être perçue du tout mais elle est là, complète dans ses moindres détails. Cette Image-de-Soi est notre propre conception: «le genre de personne que je suis». Elle a été construite d'après nos croyances personnelles sur nous-mêmes. Mais la plupart de ces convictions ont été formées inconsciemment lors de nos expériences passées, de nos succès et échecs, de nos humiliations, de nos triomphes et de la façon dont les autres ont réagi envers nous, mentalement un «moi» (ou l'image d'un moi). Chaque fois qu'une idée ou une croyance nous concernant entre dans le cadre de cette image, elle devient «vraie», dans la mesure où nous sommes personnellement concernés. Nous ne nous interrogeons pas sur sa validité, mais nous continuons à réagir comme si elle était vraie.

Bref, vous «agissez comme le genre de personne» que vous imaginez être. Mais de plus vous ne pouvez absolument pas agir autrement, malgré tous vos efforts conscients ou votre volonté. L'homme qui s'imagine être une «personne du type à échec» trouvera quelque moyen pour échouer, en dépit de toutes ses bonnes intentions ou de sa volonté, même si les meilleures occasions lui «tombent dessus».

L'Image-de-Soi est une prémisse, une base ou un fondement sur lequel reposent votre personnalité, votre comportement et même les événements de votre vie. C'est pour cette raison que nos expériences semblent se vérifier et renforcent ainsi l'Image-de-Soi et un cercle, vicieux ou bénéfique, selon le cas, va

15

s'établir. Par exemple, un élève qui considère ne rien comprendre aux mathématiques trouvera toujours que son devoir justifie sa croyance. Il a donc «une preuve».

En raison de cette «preuve» objective, il vient rarement à l'idée que le problème réside dans l'Image-de-Soi ou dans la propre évaluation de soi. Dites à l'élève qu'il «croit» seulement qu'il ne réussira pas en algèbre, et il mettra votre foi en doute. Il a essayé et essayé, le bulletin de notes répète toujours la même histoire. Cependant, comme nous le verrons plus tard, des changements presque miraculeux sont arrivés chez certains individus.

En effet, l'Image-de-Soi peut être changée. De nombreux cas dans l'histoire ont révélé qu'on n'est jamais trop jeune ni trop vieux pour améliorer son Image-de-Soi et par conséquent, pour commencer à vivre une existence nouvelle.

L'une des raisons pour lesquelles il semble si difficile pour un individu de modifier ses habitudes, sa personnalité ou sa façon de vivre tient dans le fait que jadis presque tous ses efforts de changements étaient dirigés, si l'on peut dire, vers la circonférence du moi plutôt que vers le centre. De nombreux patients m'ont rétorqué quelque chose comme: «Si vous parlez de la pensée positive, j'ai déjà essayé et cela ne marche pas pour moi!». Toutefois et invariablement un questionnaire rapide fait apparaître que ces personnes ont employé la «pensée positive» ou tenté de l'employer, soit envers des circonstances externes particulières, soit envers une habitude particulière ou un défaut de caractère («J'obtiendrai ce travail»; «Je serai plus calme et plus détendu à l'avenir»; «Cette entreprise osée va tourner à mon avantage»; etc.). Mais ils n'ont jamais songé à changer les pensées de leur «Moi», lequel doit accomplir ces projets.

L'une des expériences les plus récentes et les plus convaincantes en accord avec cette idée fut conduite par Prescott LECKY, l'un des pionniers de la psychologie de l'Image-de-Soi. Lecky conçoit la personnalité comme un «système d'idées» dont toutes *doivent sembler* être en conformité les unes avec les autres. Toutes les idées non conformes avec le système sont rejetées, «ne sont pas crues», et ne sont pas mises en pratique. Les idées qui *semblent* être conformes avec le système sont acceptées. Au cœur de ce système d'idées — la clé de voûte — la base sur laquelle tout le reste est construit, se trouve «l'idéal du moi»[1] de l'individu, son «Image-de-Soi», ou la conception qu'il a de lui-même. Lecky était professeur et eut l'occasion de vérifier sa théorie sur des milliers d'étudiants.

Lecky postule que si un étudiant éprouve des difficultés à apprendre les mathématiques, cela peut être dû (d'après le point de vue l'étudiant) au désaccord pour lui de l'apprendre. Lecky croyait, cependant, que si l'on pouvait changer la propre croyance de l'étudiant qui sous-tend ce point de vue, son attitude envers le problème pourrait s'améliorer en conséquence. Si l'étudiant pouvait être amené à changer sa propre définition de lui-même, sa capacité d'apprendre changerait également. Le problème de cet étudiant n'est pas qu'il soit sot ou qu'il manque foncièrement d'aptitude. Le problème est une fausse Image-de-Soi. Il s'identifie à ses erreurs et ses échecs. Au lieu de dire: «J'ai raté cet examen» (raisonnement positif et descriptif), il en tire la conclusion: «Je suis un raté».

Mes propres dossiers contiennent des cas tout aussi convaincants. Par exemple, cet homme qui avait si peur des autres qu'il s'aventurait rarement hors de chez lui, et qui maintenant gagne sa vie en qualité de speaker. Le représentant qui avait déjà préparé sa lettre de démission simplement «parce qu'il n'était pas fait pour la vente» et qui six mois plus tard est devenu le meilleur vendeur d'une équipe de cent représentants.

Comment un chirurgien esthétique devint intéressé par la psychologie de l'Image-de-Soi

À première vue il semblerait n'y avoir peu ou pas de rapport du tout entre la chirurgie et la psychologie. Cependant, ce fut le travail du chirurgien esthéticien qui laissa entrevoir dès le début l'existence de l'Image-de-Soi.

Dans beaucoup de cas, changer l'image physique revenait à créer *une personne entièrement nouvelle*. Opération après opération, le scalpel que je tenais à la main devenait un outil magique qui ne transformait pas seulement l'apparence du patient mais aussi toute sa vie. Le timide, l'inhibé, devenait hardi et courageux. Un garçon «idiot», «demeuré» se métamorphosait en un jeune homme éveillé, brillant qui terminait administrateur d'une importante entreprise. Un représentant qui avait perdu son mordant et sa foi devint un modèle de confiance. Mais le cas le plus étonnant de tous est celui de ce criminel «endurci», récidiviste invétéré, qui, du jour au lendemain, de l'état d'un incorrigible n'ayant jamais montré le désir de changer, se transforma en un prisonnier libéré sur parole assumant, depuis, un rôle responsable dans la société.

Les réussites étaient faciles à expliquer. Le garçon dont les oreilles étaient trop grandes avait été ridiculisé toute sa vie, souvent cruellement. On lui disait: «Tu ressembles à un taxi avec les deux portes ouvertes». Les relations avec ses camarades signifiaient pour lui peine et humiliation: alors pourquoi ne pas essayer d'éviter les rapports sociaux? Pourquoi ne devrait-il pas craindre les autres et se replier sur lui-même? Ayant terriblement peur de s'exprimer en toutes occasions, rien d'étonnant qu'il fût reconnu comme un idiot. Lorsque ses oreilles furent rectifiées, il sembla tout à fait naturel que la cause de sa gêne et de son humiliation ayant disparu, il assuma désormais un rôle normal dans la vie: ce qu'il fit.

Mais, que dire de tous les autres qui acquièrent un nouveau visage mais conservèrent leur ancienne personnalité? Et comment expliquer la réaction de ceux qui soutiennent que la chirurgie *n'a strictement rien changé* à leur aspect. Tout chirurgien esthéticien en a fait l'expérience et en a été probablement aussi déconcerté que moi. Même si leur apparence a subi un changement drastique, certains patients affirment: «Je suis toujours comme avant, vous n'avez rien fait!» Les amis et la famille peuvent à peine les reconnaître, s'enthousiasment sur leur «beauté» toute neuve, la patiente soutient qu'elle ne constate qu'une légère amélioration ou pas du tout, ou même nie qu'il y ait la moindre transformation. Comparer les photographies «avant» et «après» ne sert pas à grand-chose, sinon que quelquefois à éveiller l'hostilité. Par une étrange alchimie mentale, le patient va rationaliser ainsi: «Bien sûr, je vois bien que la bosse n'est plus sur mon nez, mais mon nez semble *toujours* le même».

17

L'énigme de la laideur imaginaire

La chirurgie esthétique peut réellement accomplir un miracle sur une personne handicapée par un défaut congénital visible, ou défigurée par un accident. À partir de tels cas, il serait tentant d'extrapoler et de faire de la chirurgie esthétique généralisée une panacée pour tous les malheurs, échecs, peurs, névroses, anxiétés et manques de confiance en soi qui disparaîtraient avec les défauts corporels. Ainsi, d'après cette théorie, une personne au visage normal ou attrayant devrait être particulièrement libérée de tout handicap psychologique. Elle devrait être heureuse, gaie, confiante, sans angoisse ni souci. Nous savons trop bien que ceci n'est pas vrai.

La conduite des gens qui demandent au chirurgien esthétique un «lifting» pour remédier à une laideur purement imaginaire, n'est pas plus explicable par une telle théorie. Par exemple ces femmes de 35 à 45 ans, persuadées d'avoir l'air «vieilles» même si leur aspect est parfaitement «normal» et, pour quelques-unes d'entre elles exceptionnellement attrayant.

Cette «laideur imaginaire» n'est pas rare. Un récent sondage dans un collège a montré que 90 % des sujets étaient mécontents d'une façon ou d'une autre de leur physique.

Ces gens réagissent *exactement comme s'ils* avaient subi une réelle défiguration. Ils ressentent la même honte; les mêmes peurs et les mêmes anxiétés se développent en eux. Leur aptitude à «vivre» pleinement est bloquée et étouffée par le même genre de barrages psychologiques. Bien que leurs «cicatrices» soient plus mentales et émotionnelles que physiques, elles sont tout aussi débilitantes.

L'Image-de-Soi: le vrai secret

La découverte de l'Image-de-Soi explique toutes les différences apparentes dont nous avons débattu. C'est le dénominateur commun, le *facteur clé* aperçu à travers tous nos dossiers, échecs aussi bien que réussites.

Le secret est le suivant: pour «vivre» vraiment, c'est-à-dire pour trouver la vie satisfaisante, il faut avoir de soi une image juste et réaliste avec laquelle il soit possible de vivre. Votre moi doit être acceptable par *vous-même*. Vous devez avoir l'estime de vous d'une manière générale. Vous devez avoir confiance et croire en votre «moi», ne pas avoir honte de son existence, et pouvoir le sentir capable de créativité au lieu de la cacher ou le voiler. Votre moi doit être conforme à la réalité pour que vous puissiez agir efficacement dans le monde concret. Vous devez connaître vos faiblesses aussi bien que vos points forts, et les regarder en face. Votre image de vous-même doit être une évaluation raisonnable de votre «moi», ni surestimée, ni sous-estimée.

Aujourd'hui je suis plus convaincu que jamais que ce que chacun de nous désire réellement, profondément, c'est VIVRE davantage. Le bonheur, le succès, la paix du mental ou n'importe quelle autre conception du «bien suprême», tout ceci se traduit et s'expérimente essentiellement par plus de vie. Lorsque nous éprouvons des émotions intenses de joie, de confiance en soi et de succès, nous jouissons davantage de la vie. Et suivant le degré auquel nous inhibons nos possibilités, abandonnons en friche nos talents naturels, nous laissons aller à l'anxiété, à la peur, à la condamnation et à la haine de Soi, nous étranglons littéralement la force de vie dont nous disposons et nous dédaignons le don mis en nous par notre Créateur. Suivant le degré du déni de ce don de vie, nous embrassons plus ou moins la mort.

Votre programme pour une vie meilleure

A mon avis, la psychologie des trente dernières années est devenue beaucoup trop pessimiste en ce qui concerne l'homme et sa capacité au changement et à la grandeur d'âme. Depuis que les psychologues et les psychiatres s'occupent des gens qu'on appelle «anormaux», la littérature se préoccupe presque exclusivement des diverses anomalies de l'homme, de ses tendances à l'autodestruction. Bien des gens, je le crains, ont tellement lu ce genre de choses qu'ils en sont arrivés à considérer ces éléments (la haine, l'instinct de destruction, la culpabilité, la condamnation de soi et tous les autres éléments négatifs), comme le «comportement normal de l'Homme». L'homme moyen se sent terriblement faible et impuissant quand il évoque la perspective de lutter avec sa fragile volonté contre ces forces négatives de la nature humaine afin d'obtenir la santé et le bonheur. Si cela correspondait vraiment à l'image de la nature et de la condition humaine, vouloir s'améliorer soi-même serait alors une entreprise assez futile.

Je crois cependant, et les expériences de beaucoup de mes patients l'ont confirmé, que nous ne luttons pas seul. Il y a en chacun de nous un «instinct de vie» qui nous entraîne constamment vers la santé, le bonheur et ceci pour procurer plus de vie à l'individu. Cet «instinct de vie» travaille *pour vous* par le truchement de ce que j'appelle le «mécanisme créatif», qui devient, s'il est employé correctement, le «mécanisme de réussite» présent dans chaque être humain.

Nouvelles incursions de la science dans le «subconscient»

La science nouvelle de la «Cybernétique» nous a fourni la preuve irréfutable que ce qu'on nommait «l'esprit subconscient» n'est absolument pas un «esprit», mais un mécanisme, une tête chercheuse, un «servo-mécanisme» constitué par le cerveau et le système nerveux, *employé* et *dirigé* par l'esprit. Le concept le plus récent et le plus adapté est que l'homme ne possède pas deux «esprits» mais un seul esprit, ou conscience, qui met en route une machine automatique de type «tête chercheuse» programmée vers son but. Le fonctionnement de cette machine s'apparente à celui d'un ordinateur, du moins pour les principes de base, mais elle est beaucoup plus merveilleuse et complexe que n'importe quel cerveau électronique ou missile téléguidé jamais conçu par l'homme.

Ce mécanisme créatif qui est en vous est impersonnel. Il travaillera automatiquement et impersonnellement à réaliser des objectifs de réussite et de bonheur, ou de malheur et d'échec, selon les visées que vous-même lui aurez assigné.

Présentez-lui des «buts de succès» et il fonctionnera en «mécanisme de succès». Présentez-lui des «buts négatifs» et il opérera aussi indifféremment et aussi fidèlement comme «mécanisme d'échec».

Comme n'importe quel ordinateur, il lui faut un but bien défini, un objectif précis ou un «problème» bien circonscrit sur lequel travailler.

Les buts que notre propre mécanisme créatif cherche à réaliser sont des IMAGES MENTALES ou des représentations mentales, que nous créons grâce à notre IMAGINATION.

L'image de but et la clé, c'est l'Image-de-Soi.

Notre Image-de-Soi pose les limites à l'intérieur desquelles s'accompliront n'importe quel but particulier ultérieur. Elle délimite la «zone du possible».

Comme tout ordinateur, notre Mécanisme Créatif travaille sur l'information et les données que nous lui fournissons (nos pensées, croyances, interprétations). Par nos attitudes et notre interprétation des faits, nous «programmons» en quelque sorte le problème à résoudre.

La méthode consiste essentiellement à apprendre, à *exercer* et à *expérimenter* de nouvelles habitudes de penser, d'imagination, de mémoire et à agir pour:

1° Développer une Image-de-Soi juste et réaliste.

2° Employer votre Mécanisme Créatif pour trouver le succès et le bonheur par la réussite de buts spécifiques.

Comme vous le verrez plus loin, la méthode employée consiste à se représenter des images mentales créatrices, à exercer votre imagination d'une manière créatrice, et à créer de nouveaux types de réflexes automatiques par la technique des «jeux de rôles» et du «comme si».

---

(1) «Alors que le moi obéit au sur-moi par peur de la punition, il se soumet à l'idéal du moi par amour». Cette remarque du psychanalyste Nunberg me paraît extrêmement importante car elle donne la clé du succès. Précisons que l'Idéal du Moi ou Image-de-Soi n'est pas un moi narcissique de toute puissance mais qu'il participe à l'autorité du Surmoi. (NDT)

(2) L'occasion est trop belle pour ne pas faire remarquer au lecteur l'équation couteau ce dernier peut infliger une cicatrice psychique ou effacer la douleur de la castration. (NDT)

CHAPITRE II

Découvrez le mécanisme du succès

en vous

Cela peut vous paraître surprenant, et pourtant c'est la vérité, il y a seulement quelques décennies les hommes de science ignoraient toute idée du fonctionnement du cerveau et du système nerveux lorsque ces deux éléments travaillent en vue de réaliser un dessein ou un but précis. Ils constataient «après coup» ce qui se passait, après de longues et méticuleuses observations. Cependant, quand on parvint à réaliser un «cerveau électronique» et à fabriquer des mécanismes du genre «tête chercheuse», on *devait* inévitablement découvrir et utiliser certains principes fondamentaux[1]. Une fois ces principes découverts, le monde scientifique commença à s'interroger: ne serait-ce pas ainsi que fonctionne le cerveau humain? La seule réponse possible était un «oui» sans réserves.

Votre système interne de guidage

Tout être vivant possède un système interne de guidage réglé vers un but, dans le but de vivre plus pleinement. Pour les formes de vie les plus élémentaires, «vivre» veut dire simplement survivre, à la fois pour l'individu et pour l'espèce. Le mécanisme interne des animaux se limite à trouver abri et nourriture, à éviter ou à vaincre les ennemis et les dangers éventuels, et à procréer pour assurer la survie de l'espèce.

«Vivre», pour l'homme, englobe donc plus que la survie du corps et la procréation de l'espèce. «Vivre», c'est exiger aussi certaines satisfactions affectives et spirituelles. Le «Mécanisme de Succès» placé dans l'homme est plus ambitieux que celui de l'animal. Non seulement il aide l'homme à éviter ou surmonter le danger, à propager la race grâce à «l'instinct sexuel», mais peut aussi l'aider à résoudre des problèmes, à inventer, à écrire un poème, à diriger une affaire, à vendre, à explorer de nouveaux horizons de la science, à atteindre la sérénité, à se créer une meilleure personnalité, en bref à réussir toute activité intimement liée à son style de vie ou qui lui donne une vie bien remplie.

«L'instinct de succès»

Un écureuil n'a pas besoin d'apprendre comment ramasser les noisettes, ni comment les stocker pour l'hiver. Un écureuil né au printemps n'a jamais connu l'hiver. Et pourtant on peut le voir à l'automne emmagasiner ses noisettes pour les manger pendant l'hiver lorsqu'il ne trouvera plus aucune nourriture à ramasser.

Pour essayer d'expliquer un tel comportement, nous disons couramment que les animaux possèdent certains «instincts» qui les guident. Analysez tous ces instincts et vous constaterez qu'ils aident l'animal à lutter victorieusement contre son environnement. Bref, les animaux possèdent un «instinct de succès»[2].

Nous négligeons souvent le fait que l'homme possède lui aussi un instinct de succès, plus merveilleux et plus complexe que celui d'aucun animal.

Un animal ne peut pas choisir ses buts (préservation de soi et procréation), ils sont pour ainsi dire pré-déterminés. Leur mécanisme de succès se réduit à ces seules images intérieures que nous appelons «instincts».

L'homme en revanche, possède quelque chose de plus que l'animal: l'Imagination Créatrice. L'homme est la seule créature qui soit en même temps un créateur. Grâce à son imagination il peut définir une gamme variée de buts. Seul l'homme, en exerçant son imagination, ou par sa facilité à imaginer, peut diriger son Mécanisme de Succès.

«L'Imagination Créatrice» est trop souvent attribuée exclusivement aux poètes, aux inventeurs, ou à ceux qui leur ressemblent. Mais l'imagination *est* créatrice dans tout ce que l'on fait. De tout temps les philosophes aussi bien que les hommes d'action ont reconnu ce principe et l'ont utilisé, sans attendre de connaître la cause ni le fonctionnement exact de ce mécanisme créatif entraîné par l'imagination. «L'imagination gouverne le monde», dit Napoléon. «L'imagination de toutes les facultés humaines, est ce qui est le plus ressemblant à Dieu», dit Glenn Clark. Pour le célèbre philosophe écossais Dugold Stewart, «la faculté d'imaginer est le ressort principal de toute activité humaine et la source principale du progrès de l'homme... Que l'on détruise cette faculté, et la condition de l'homme s'immobilisera au niveau de la bête». «Vous pouvez imaginer votre avenir» affirme Henry J. KAISER, lequel attribue la plus grande part de sa réussite dans les affaires à une utilisation positive et constructive de l'imagination créatrice[3].

Comment fonctionne votre mécanisme de succès

«Vous» n'êtes pas une machine.
Mais les découvertes les plus récentes en cybernétique arrivent toutes à cette

conclusion: votre cerveau et votre système nerveux constituent un servo-mécanisme dont «Vous» vous servez et qui fonctionne à l'image d'un ordinateur électronique et d'un système mécanique à tête chercheuse.

La «Psychocybernétique»: une nouvelle conception du fonctionnement du cerveau

La Psychocybernétique (les principes de la cybernétique appliqués au cerveau humain) ne dit en aucune manière que l'homme *est* une machine, mais qu'il *possède* et *utilise* une machine. Examinons maintenant quelques-unes des similitudes entre les machines à servo-mécanisme et le cerveau humain.

Les deux types principaux de servo-mécanismes

Les servo-mécanismes se divisent en deux groupes généraux:
1° ceux où la cible, le but, ou la «réponse» est *connu*, et où l'objectif est de l'atteindre ou de le réaliser;
2° ceux où la cible ou la «réponse» n'est pas *connue*, l'objectif étant alors de la découvrir ou de la localiser.
Le cerveau humain et le système nerveux opèrent également dans ces deux directions.
Un exemple du premier type est la torpille autonome, ou le missile d'interception. De telles machines doivent «reconnaître» la cible contre laquelle elles sont lancées. Elles doivent posséder un système de propulsion capable de diriger leur trajectoire vers la cible. Elles doivent être munies d'«organes sensibles» (radar, sonar, thermostats, etc) qui traduisent l'information émanant de la cible. Ces «organes sensibles» tiennent la machine informée en permanence, soit du maintien de la trajectoire, (rétroaction ou feedback positif), soit de toute erreur la faisant dévier de sa course (rétroaction ou feedback négatif)[4]. À la réaction positive, la machine ne réagit ni ne répond. Comme elle fonctionne déjà correctement, elle continue sur sa lancée. En revanche, il doit y avoir un système de correction pour répondre à toute réaction négative. Lorsque ce mécanisme correcteur est averti, par une réaction négative, d'une déviation de trajectoire vers la droite, il agit automatiquement sur le gouvernail pour qu'il ramène la machine vers la gauche.
D'après le docteur Norbert WIENER, pionnier de l'élaboration des mécanismes à tête chercheuse durant la seconde guerre mondiale, un phénomène à peu près identique se passe dans le système nerveux de l'homme à l'occasion du moindre acte volontaire, par exemple le simple fait de prendre un paquet de cigarettes sur la table.
Nous sommes en mesure de réaliser cet acte de préhension, grâce à un mécanisme automatique, et non pas seulement grâce à notre «volonté» ou à la pensée issue de notre néo-cortex. Le rôle du néo-cortex se limite à choisir le but, pro-

23

voquer l'action par le déclenchement du désir et fournir des informations au mécanisme automatique pour que la main soit maintenue sur la bonne voie.

D'abord, dit le docteur WIENER, seul un anatomiste pourrait savoir quels sont les muscles nécessaires pour se saisir d'un paquet de cigarettes. Et le sauriez-vous, vous ne vous diriez pas consciemment: «Je dois contracter les muscles de mon épaule pour élever le bras, et pour l'étendre je dois maintenant contracter mon triceps, etc.». Vous allez simplement prendre les cigarettes, sans être conscient de donner des ordres à tel ou tel muscle, et sans calculer la force de contraction nécessaire.

Lorsque «VOUS» choisissez un but et vous décidez à l'accomplir, un mécanisme automatique prend la relève.

Chez le bébé qui apprend à se servir de ses muscles, la correction du mouvement de la main cherchant à atteindre un hochet, est patente. Le bébé dispose de peu «d'informations stockées» pour l'aider. Sa main zigzague de part et d'autre et arrive au but après force tâtonnements. Mais avec l'expérience de l'apprentissage, les corrections deviennent de plus en plus précises. De même un automobiliste novice «corrige» trop fortement ses écarts et zigzague en travers de la route.

Heureusement, une fois qu'une réponse adéquate ou «réponse de succès» a été fournie, elle est «mise en mémoire» pour un usage futur. Le mécanisme automatique livre un duplicata de cette réponse à l'occasion d'une épreuve ultérieure. Il a «appris» comment répondre avec succès. Il a ses succès «en mémoire», il *oublie ses échecs*, et recommence l'action réussie, sans pensée consciente, mais comme une habitude.

Comment le cerveau trouve des réponses aux problèmes

Supposons maintenant que, placé dans une pièce sombre, vous ne voyez plus les cigarettes. Vous savez, ou espérez, qu'elles sont sur la table, parmi divers objets. Instinctivement, votre main commence à tâtonner, à exécuter des mouvements d'exploration en zigzag (ou «scanning»), rejetant un objet après l'autre, jusqu'à trouver et «reconnaître» les cigarettes. Ceci est un exemple du second type de servo-mécanisme. Se remémorer un nom temporairement oublié en est un autre. Un «rayon explorateur» dans votre cerveau balaie le stock de votre mémoire jusqu'à ce qu'il «reconnaisse» le nom correct[5]. Un cerveau électronique résout les problèmes de la même façon. Tout d'abord, un grand nombre de données doivent alimenter la machine. Cette information, enregistrée et stockée constitue la «mémoire» de la machine. Posons un problème à la machine. Elle recherche dans sa mémoire jusqu'à localiser l'unique «réponse» qui soit en accord avec toutes les données du problème. Ensemble le problème et sa réponse constituent une situation «totale» ou «structure groupée»[6]. Lorsqu'une partie de la situation ou de la structure (le problème) est livré à la machine, celle-ci retrouve les «parties manquantes», ou la pièce qui manque, si l'on peut dire, pour compléter la structure[7].

Plus nous connaissons le cerveau humain, plus il nous apparaît — du moins dans son fonctionnement — comme un servo-mécanisme. À l'appui de cette thèse, le docteur Wilder PENFIELD, directeur de l'Institut Neurologique de Montréal, a rapporté devant l'Académie Nationale des Sciences, qu'il avait découvert un mécanisme d'enregistrement situé dans une partie infime du cerveau, qui apparemment enregistre fidèlement tout ce qu'une personne a vécu, observé ou appris[8]. Au cours d'une opération du cerveau durant laquelle la patiente était restée éveillée, un instrument chirurgical entra en contact avec une petite parcelle du cortex. Instantanément la patiente, selon ses propres dires, se mit à «revivre» une situation de son enfance qui avait disparu de sa conscience. C'est comme si un magnétophone avait enregistré les expériences antérieures et les avait «rejouées». Comment un mécanisme aussi petit que le cerveau humain peut-il stocker tant d'informations? Ceci reste un mystère.

Selon le neurophysiologiste anglais W. Grey WALTER, il faudrait au moins dix milliards de composants électroniques pour construire une réplique du cerveau humain. Ces composants occuperaient un volume d'environ un million et demi de mètres cubes, et plusieurs millions de mètres cubes supplémentaires seraient nécessaires pour contenir tous les fils ou «nerfs». Pour la faire marcher, la puissance requise serait d'un milliard de watts.

Un coup d'oeil sur le mécanisme automatique en action

On s'émerveille de la terrifiante précision du missile d'interception qui calcule en moins d'un éclair son point de rencontre avec un autre missile et y arrive à l'instant prévu.

Mais ne sommes-nous pas témoins d'une chose aussi fascinante chaque fois qu'au base-ball nouus voyons un joueur réceptionner une balle? Pour calculer où va tomber le ballon, c'est-à-dire pour localiser le «point d'interception», il doit tenir compte de la vitesse du ballon, de sa courbe de chute, de sa direction, de sa vitesse initiale, du taux de décélération progressif et aussi du vent. Il doit faire ces calculs si vite qu'il doit être prêt à s'élancer dès le claquement de la batte. Ensuite, il doit calculer sa propre vitesse, et dans quelle direction il lui faut courir pour arriver au point d'interception en même temps que le ballon. Le joueur ne pense à rien de tout cela mais son mécanisme interne à tête chercheuse calcule à sa place à partir des données fournies par ses yeux et ses oreilles. L'ordinateur dans son cerveau compare ces informations avec les données stockées (la mémoire des succès et échecs précédents à attraper un ballon). En un éclair tous les calculs sont faits et les ordres transmis aux muscles de ses jambes... et «il n'a plus qu'à courir».

La science peut créer un ordinateur
mais pas un opérateur

Le docteur WIENER dit que jamais les hommes de science n'arriveront à construire, du moins en l'état actuel des prévisions, un cerveau électronique comparable de près ou de loin à celui de l'homme. Le nombre des connections existant dans le cerveau humain est beaucoup plus important que celui de n'importe quel ordinateur existant ou en projet actuellement.

Une telle machine serait-elle construite malgré tout, il lui manquerait encore un «opérateur». Un ordinateur n'a pas de cortex ni de «moi». Il ne peut pas se poser des questions, n'a pas d'imagination et ne peut se fixer des buts. Il est incapable de trier les buts valables des autres. Il n'éprouve aucune émotion et ne «ressent» rien. Il se limite à travailler sur les données fraîches fournies par l'opérateur, grâce aux données réflexes issues de ses propres «organes sensibles» et aux informations déjà stockées.

Existe-t-il un réservoir inépuisable d'idées, de connaissances et de puissance?

De tout temps, de nombreux penseurs ont cru que l'«information stockée» par l'homme ne se limite pas à sa propre mémoire d'expériences passées et de faits appris. «Il y a une pensée commune à tous les hommes», proclame EMERSON, pour qui notre esprit individuel n'est qu'une ramification de l'océan de la pensée universelle.

EDISON disait que certaines de ses pensées provenaient d'une source autre que lui-même. Un jour qu'on le félicitait pour une idée neuve, il refusa de s'en attribuer le crédit, affirmant que «l'idée était dans l'air», et que s'il ne l'avait pas retenue, quelqu'un d'autre s'en serait chargé.

Schubert, dit-on, racontait à un ami que son processus créateur consistait à «se souvenir d'une mélodie» que ni lui ni personne n'avait imaginée auparavant.

Nombre d'artistes et de psychologues étudiant le processus créateur, ont été frappés par les points communs entre l'inspiration créatrice, la révélation soudaine, l'intuition, etc., et la simple mémoire humaine.

La recherche d'une idée neuve ou la solution d'un problème, est une démarche analogue à celle de chercher dans sa mémoire un nom oublié. Vous savez que le nom est «là», autrement vous ne chercheriez pas. Dans votre cerveau, le «rayon baladeur» se déplace parmi les données mémorisées jusqu'à «reconnaître» ou «découvrir» le nom désiré.

La réponse existe déjà

Et de même, si nous partons à la recherche d'une idée nouvelle, ou d'une solution à un problème, *nous supposons que la réponse existe déjà quelque part*. Comme le dit le Docteur Norbert WIENER: «Chaque fois qu'un chercheur s'attaque à un problème en sachant qu'il a une réponse, toute son attitude en est transformée. Il a déjà fait 50 % du chemin vers la solution (Norbert Wiener, «The Human Use of Human Beings»).

Si vous voulez vraiment réussir, ayez-en d'abord un désir véhément, et commencez à réfléchir intensément à tous les aspects du problème — votre mécanisme créateur se met en marche — et le «rayon baladeur» dont nous avons déjà parlé se met à circuler dans votre stock d'informations, vers la réponse. Il sélectionne un fait ici, une idée là, une série d'expériences passées, et les relie en une synthèse cohérente qui va «combler» la partie inachevée de votre situation, compléter votre équation, ou résoudre votre problème. Lorsque cette solution est présentée à votre conscience, fréquemment lors d'une déconnection de votre attention distraite par ailleurs, ou même sous la forme d'un rêve alors que la conscience est en sommeil, quelque chose «se déclenche» et vous «reconnaissez» instantanément votre réponse.

EXERCICE PRATIQUE N° 1
Créez une nouvelle image mentale de vous-même

Chez une personne malheureuse du type personnalité à échec, une nouvelle Image-de-Soi ne peut s'instaurer par la seule volonté ni par une décision arbitraire. Pour décider que l'ancienne Image-de-Soi est fausse et qu'une nouvelle image conviendrait mieux, il faut s'appuyer sur certaines bases au départ, sur certaines justifications, certaines raisons. Impossible d'inventer une nouvelle image si on ne la ressent pas *vraie*. Lorsqu'une personne change d'image — l'expérience l'a démontré — elle a la sensation de «voir» ou de se rendre compte de sa propre vérité.

Les vérités contenues dans ce chapître peuvent vous libérer d'une ancienne et fausse Image-de-Soi, à condition de le lire souvent, de vous imprégner de ses implications, en un mot de «bien vous l'enfoncer dans la tête».

La science a confirmé ce que de tout temps les philosophes, les mystiques et les intuitifs avaient affirmé: chaque être humain a été littéralement «construit pour réussir». Chaque être humain a accès à une puissance plus grande que lui-même.

«Chaque être humain», cela veut dire: «VOUS».

EMERSON disait: «Il n'y a ni petits ni grands». Si vous avez été construit pour le succès et le bonheur, c'est que cette vieille image qui vous faisait un être voué à l'échec et au malheur doit être fausse.

Lisez ce chapître au moins trois fois par semaine pendant 21 jours. Étudiez-le et assimilez-le. Illustrez l'action du mécanisme créateur par des exemples tirés de votre propre vie et de celle de vos amis.

Sachez que

1° Votre mécanisme interne de succès vous dirige soit vers un but bien réel, soit vers la «découverte» de ce qui existe déjà.

2° Ce mécanisme automatique est téléologique[9]: il fonctionne, ou doit être orienté vers une fin, vers un but. Pensez à la fin, et souvent les moyens se mettront en place d'eux-mêmes.

3° N'ayez pas peur des erreurs que vous faites, ni des échecs passagers. Tout servo-mécanisme atteint son but grâce à la «réaction négative»[10], ou avance en faisant des erreurs de parcours corrigées instantanément.

4° L'acquisition de la maîtrise, en quelque domaine que ce soit, se fait par une suite d'essais et d'erreurs, jusqu'à l'accomplissement du «bon mouvement». Et *après seulement*, le perfectionnement et la réussite continue ne sont possibles que *si on oublie les fautes passées* et *si on se souvient des bonnes «réponses»*, afin de les «imiter».

5° Vous devez apprendre à avoir confiance en votre mécanisme créateur et le laisser faire son oeuvre. Vous devez «le laisser» travailler plus que «le faire» travailler[11]. Cette confiance est nécessaire, car votre mécanisme créateur agit en dessous du niveau conscient. Pour entreprendre vous ne devez pas attendre qu'il vous donne des preuves, mais agir comme si elles étaient là, et elles viendront. «Agissez et vous aurez la puissance», a dit EMERSON.

(1) Actuellement, la théorie des cybernéticiens considère le cerveau comme «un organe destiné à manier des signaux» (NDT).

(2) C'est l'«archétype» de Jung (NDT).

(3) «L'imagination est plus importante que la connaissance» a dit Einstein, qui s'imaginait, enfant, être un rayon de lumière voyageant dans l'espace (NDT).

(4) Dans le but de rester le plus simple pour le public le plus large, l'auteur a utilisé les mots «positif» et «négatif» dans leur sens commun. Pour les cybernéticiens, la rétroaction dite positive ou négative possède le sens inverse (NDT).

(5) Selon les cybernéticiens, ce rayon explorateur ou scanner serait en relation avec les rythmes alpha (NDT).

(6) Nous retrouvons ici ce que nous avons écrit dans la préface au sujet du fond et de la forme dans la Gestalt (NDT).

(7) «Pour achever la situation» dit encore la gestalt-thérapie (NDT).

(8) Penfield l'appelle le «cortex interprétatif». Ces expériences, qui débutèrent en 1936, se poursuivent activement et à ce jour, plus de mille expériences ont été réalisées (NDT).

(9) Téléologie: du grec télos: fin et logos: science. Les organismes finalisés sont, selon la définition du cybernéticien W. R. Ashby, «des organismes capables de s'orienter avec persistance vers un petit nombre de fins fondamentales dans une variété presque infinie de circonstances et de moyens» (NDT).

(10) Cf. note (4) ci-dessus.

(11) Nous retrouvons ici le précepte fameux des Maîtres du Zen: «Lâchez prise», le Wou Wei ou «Non-agir» du Tao, «Que ta volonté soit la mienne, que ma volonté suive toujours la tienne et s'accorde au mieux avec elle. Que ma volonté suive toujours la tienne et s'accorde au mieux avec elle. Que je sois un seul vouloir et non-vouloir, avec toi. Que je ne puisse vouloir ou ne pas vouloir autre chose que ce que tu veux et ne veux pas». (Imitation de J-C. III-15 dans la traduction de O. SPOREYS.) (NDT)

CHAPITRE III

L'Imagination:
La clé de votre mécanisme de succès

L'imagination joue dans notre vie un rôle bien plus important qu'on ne le pense. J'en ai eu maintes fois la preuve dans l'exercice de ma profession. Un exemple particulièrement mémorable est celui de ce patient qui fut littéralement traîné à mon cabinet par sa famille. En réalité, les défauts de son visage étaient minimes. Son nez était du style «romain» et ses oreilles bien qu'un peu larges n'attiraient pas plus l'attention que celles de milliers d'autres individus aux oreilles semblables. Sa famille, désespérée, me l'amena en espérant que je pourrais quelque chose pour lui. Je vis tout de suite qu'il n'avait pas besoin de chirurgie... mais seulement de se rendre compte que son imagination avait exercé de tels ravages sur son Image-de-Soi qu'il avait perdu contact avec la vérité. Il n'était pas vraiment laid. Les gens ne riaient pas de lui et ne le considéraient pas comme bizarre. Seule son imagination était responsable de ses misères. Elle avait créé en lui un mécanisme automatique négatif tourné vers l'échec, qui fonctionnait à plein rendement pour son plus grand malheur. Heureusement, après plusieurs séances et avec l'aide de sa famille, il se rendit compte peu à peu que la puissance de son imagination était la seule responsable de son état; il réussit à élaborer une Image-de-Soi vraie et à reprendre confiance en lui en exerçant son imagination créatrice au lieu de son imagination destructive.

Un être humain n'agit, ne sent et ne s'accomplit qu'en accord avec ce qu'il *s'imagine* être *vrai* en lui dans son environnement.

La vérité dirige l'action et le comportement

Le cerveau de l'homme et son système nerveux sont faits pour réagir automatiquement et convenablement aux problèmes et aux défis de l'environnement.

Si par exemple un homme rencontre un ours sur son chemin, il ne va pas s'arrêter pour réfléchir ainsi: «si je veux survivre je dois courir». Il ne va pas *décider* d'avoir peur. La réaction «peur» est automatique et adéquate. Elle provoque en lui le désir de fuite. Et aussitôt elle déclenche dans son corps des mécanismes qui «gonflent» ses muscles à bloc afin qu'il puisse courir plus vite qu'il ne l'a jamais fait. Son rythme cardiaque s'accélère. De l'adrénaline, puissant stimulant musculaire, se déverse dans le sang. Toutes les fonctions du corps qui ne contribuent pas à la course sont mises en veilleuse. L'estomac arrête de fonctionner et tout le sang disponible vient irriguer les muscles. La respiration s'accélère, ce qui entraîne un support supplémentaire d'oxygène aux muscles.

Vous agissez et vous sentez non pas en accord avec la réalité, mais à l'image que votre esprit se fait de la réalité. Vous avez une certaine image mentale de vous-même, de votre monde et de votre entourage, et vous vous comportez comme si cette image était la vérité, la réalité, et non une simple représentation.

Supposons, dans l'exemple précédent, que si l'homme avait rencontré un acteur recouvert d'une peau d'ours et s'il avait *pensé* et *imaginé* être face à un ours véritable, il aurait eu exactement les mêmes réactions émotionnelles et nerveuses. Ou supposons qu'il rencontre un chien énorme et que son imagination affolée le prenne pour un ours, il réagira encore *automatiquement* à ce qu'il *croira* être vrai sur lui-même et son environnement.

Il s'ensuit que si nos idées et nos images mentales de nous-même sont déformées ou irréelles, notre réaction à l'environnement sera pareillement inappropriée.

Pourquoi ne pas vous imaginer expérimentant la réussite?

Constater que nos actions, nos sentiments, notre comportement sont le résultat de nos propres imaginations et croyances, nous donne le levier tant recherché par les psychologues et indispensable pour transformer notre personnalité.

Une nouvelle voie psychologique est ainsi ouverte vers l'acquisition du talent, du succès et du bonheur.

Les images mentales nous donnent la possibilité d'expérimenter de nouvelles attitudes, ce que nous ne pourrions pas faire sans leur aide. Ceci est possible parce que — répétons-le — notre système nerveux ne fait pas de distinction entre une expérience réelle et une expérience imaginée intensément.

Si nous nous imaginons agissant d'une certaine manière, c'est déjà presque la même chose que de le faire réellement. L'exercice mental nous aide fortement à progresser.

Employez l'imagerie mentale pour avoir un meilleur emploi

Le psychologue bien connu William Moulton MARSTON conseillait ce qu'il appelait «la technique de répétition» à ceux et celles qui désirent de l'avancement dans leur profession. Si vous prévoyez une entrevue importante, par exemple en vue d'un nouvel emploi, préparez à l'avance l'entretien, conseillait-il. Cherchez dans votre esprit toutes les questions qu'on pourrait vous présenter et pensez aux réponses que vous devrez donner. Puis «répétez» l'entretien dans votre tête. Même si on ne vous pose aucune de ces questions, la répétition accomplira des prodiges. Elle vous donnera de l'assurance. Et même si la vie réelle ne peut se réciter comme une pièce de théâtre, la pratique de la répétition fera jaillir spontanément les réponses à n'importe quelle situation, *parce que vous vous serez exercé* à réagir spontanément.

«Ne soyez pas un mauvais acteur», disait le Dr Marston, voulant dire qu'on joue toujours «un certain rôle» dans la vie. Pourquoi ne pas choisir le bon rôle, le rôle du succès, et en pratiquer la répétition?

Il disait aussi (dans le magazine «Your Life»): «Souvent vous ne pouvez franchir un nouvel échelon dans votre carrière que si vous avez d'abord acquis une certaine expérience dans le travail auquel vous postulez. Vous pouvez obtenir l'emploi en faisant semblant de le connaître mais neuf fois sur dix votre inexpérience sera évidente et vous serez congédié. À mon sens la seule méthode qui permettra à vos connaissances pratiques d'être utiles en dehors de votre métier actuel est la répétition anticipée.»

Le véritable secret de l'imagerie mentale

Depuis toujours, les hommes et les femmes ont utilisé les «images mentales» et la technique de la «répétition» pour parvenir au succès. Napoléon pratiquait déjà en imagination le métier des armes, des années avant de mettre le pied sur un champ de bataille. Bien avant d'acheter un hôtel, Conrad Hilton s'imaginait en train de le diriger. Encore enfant il «jouait» déjà au directeur d'hôtel. Henry Kaiser affirmait que chacune de ses réussites en affaires était d'abord exécutée en imagination avant de l'être en réalité. Pas étonnant qu'on ait quelquefois assimilé l'art de «l'imagerie mentale» à la «magie».

Maintenant, cette science nouvelle qu'est la Cybernétique nous éclaire sur le pourquoi de l'extraordinaire efficacité de l'imagerie mentale, montrant que ces résultats ne sont pas dus à la «magie» mais au fonctionnement normal et naturel de l'esprit et du cerveau.

Ce mécanisme créateur automatique et interne ne peut opérer que d'une seule manière. Il doit avoir une cible à viser. Ainsi que le disait Alex Morrison, vous devez d'abord avoir une vision claire du projet avant de pouvoir le réaliser. Lorsque vous voyez clairement ce projet dans votre esprit, votre «mécanisme créateur de succès» interne prend le relais et accomplit le travail bien mieux que vous ne pourriez le faire par un effort conscient et «volontaire».

Trouvez votre meilleur Moi

Ce mécanisme créateur interne peut aussi vous aider à concrétiser les meilleurs aspects de votre «Moi» si vous les trouvez d'abord dans votre imagination et si «vous vous voyez» dans ce nouveau rôle. C'est une condition nécessaire pour transformer la personnalité, quelle que soit la méthode thérapeutique mise en jeu. Donc, avant de changer, on doit «se voir» soi-même dans ce nouveau rôle.

Sachez la vérité sur vous-même

Le but de la psychologie de l'Image-de-Soi n'est pas de créer un Moi illusoire qui serait tout-puissant, arrogant, égoïste et vaniteux. Une telle image serait aussi irréaliste et inappropriée qu'une image d'infériorité. Notre but est de trouver le «vrai moi» et d'ajuster davantage nos images mentales de nous-même aux «objets qu'elles représentent». Les psychologues savent bien qu'en général nous nous sous-estimons. En réalité, il n'y a pas de «complexe de supériorité». Ceux qui semblent le posséder souffrent en fait du contraire: leur «personnalité supérieure» n'est qu'une parade imaginée pour cacher aux autres et à eux-même un profond sentiment d'infériorité et d'insécurité.

Comment découvrir sa propre vérité? Comment en avoir une évaluation juste? Si vous êtes croyant, vous admettrez avec moi que Dieu n'aurait pas fabriqué un produit de basse qualité. Un tel créateur n'aurait pas construit délibérément une oeuvre vouée à l'échec.

Si vous êtes humaniste, vous conviendrez avec moi que votre but ici-bas est de vous réalisez pleinement.

Dans ces deux cas, une image de vous forte et réaliste est un atout de premier plan.

EXERCICE PRATIQUE

«Pénétrez-vous constamment d'une certaine image de vous-même et elle vous attirera comme un aimant», affirme le Dr Harry Emerson FOSDICK. «Le seul fait de vous imaginer battu rend la victoire impossible. Représentez-vous fortement gagnant et cela contribuera grandement à votre succès. Imaginez-vous sans cesse ce que vous aimeriez être ou faire, et ce sera le point de départ d'une nouvelle vie».

Ménagez-vous 30 minutes par jour de parfaite solitude. Détendez-vous au maximum, fermez les yeux et exercez votre imagination.

On obtient souvent un meilleur résultat en s'imaginant devant un écran de cinéma en train de regarder un film sur soi-même. Il est nécessaire de faire surgir des images *animées* et *détaillées*. Ces *détails* sont capitaux, car vous réalisez là une *expérience pratique*. Une imagination animée et précise équivaut pour votre système nerveux à une expérience de la vie réelle. Cet exercice introduit de nouvelles données dans les «mémoires» de votre cerveau et de votre système nerveux central. Il construit une image nouvelle de vous-même. Pratiquez-le régulièrement, et vous vous surprendrez à «agir différemment» plus ou moins d'une manière automatique et spontanée, sans même avoir besoin d'essayer. Vous vous rendrez compte que ce mécanisme réagit de la même façon automatique à toute pensée ou expérience, qu'elle soit positive ou négative.

Points capitaux à noter:
(remplissez vous-même)
1
2
3
4
5

Votre cas personnel: rapportez ici vos expériences passées expliquées par les principes dévoilés dans ce chapitre:

(1) Sur la remarquable efficacité de l'Imagination créatrice jointe à la pratique d'un sport, voir chapître IV de «Les cosmonautes de l'Inconscient» d'Adam Smith (Ed. Laffont) et «Psychologie» n° 82 (NDT).

CHAPITRE IV

Déshypnotisez-vous des fausses croyances

Mon ami le Dr Alfred ADLER alors qu'il était encore un jeune garçon fit une expérience qui montre bien à quel point une croyance peut avoir de pouvoir sur le comportement et les capacités. Il avait pris un mauvais départ en arithmétique et son professeur *devint persuadé* qu'il était «fermé aux maths». Ce dernier avertit ses parents de ce «fait» et leur demanda de ne pas trop attendre de leur enfant. Ils en furent également persuadés. Adler admit passivement cette appréciation qu'on lui appliquait. Ses notes en arithmétique prouvèrent qu'ils avaient raison[1]. Un jour, pourtant, il eut une intuition soudaine lui indiquant comment résoudre un problème que le professeur avait posé au tableau, et pour lequel aucun des autres élèves n'avait rien trouvé. Il le déclara au maître qui ne put s'empêcher de rire, ainsi que toute la classe. Sur quoi, il se vexa, fonça au tableau, et résolut le problème à l'étonnement général. Du même coup, il se rendit compte qu'il pouvait comprendre l'arithmétique. Il reprit confiance en ses capacités et parvint à devenir un bon élève en mathématiques.

Adler avait été *hypnotisé* par une fausse croyance le concernant. Hypnotisé non au sens figuré mais au sens littéral et bien réel. Voici le point essentiel à retenir: peu importe d'*où* viennent les idées et *comment* vous les trouvez, cela n'a aucune importance. Vous pouvez très bien n'avoir jamais rencontré d'hypnotiseur professionnel. Vous pouvez très bien n'avoir jamais été «hypnotisé» au sens propre du terme. Si vous avez accepté une idée — venant de vous, de vos professeurs, de vos parents ou amis, ou d'une publicité — ou de toute autre source, si vous avez l'intime *conviction* que cette idée est *vraie*, elle a sur vous le même pouvoir que les paroles d'un hypnotiseur sur un sujet.

Le cas du représentant hypnotisé

Dans son livre: «Les Secrets de la Vente réussie», John D. MURPHY rapporte comment Elmer WHEELER employa la théorie de Lecky pour augmenter les gains d'un représentant.

Elmer Wheeler avait été appelé en qualité de conseiller de vente par une firme. Le directeur des ventes dirigea son attention sur un cas tout à fait remarquable. Un certain représentant se débrouillait pour gagner tous les ans à peu près 5.000 dollars, quel que soit le secteur qui lui était attribué ou la commission qu'il recevait. Comme ce représentant avait eu de bons résultats sur un secteur assez réduit, on lui en donna un plus vaste et plus rentable. Mais l'année suivante, le montant de sa commission était resté à peu près le même que lorsqu'il exerçait dans le petit secteur, c'est-à-dire 5.000 dollars. L'année suivante, la compagnie augmenta les commissions de tous les représentants mais notre homme trouva encore le moyen de ne gagner toujours que 5.000 dollars. On l'affecta alors à l'un des secteurs les plus durs prospecté par la compagnie et encore et toujours il arriva à ses 5.000 dollars habituels.

«Wheeler eut un entretien avec ce représentant et il comprit que la clé du problème ne se trouvait pas dans le secteur mais dans l'estimation personnelle que le représentant se faisait de lui-même. Il s'évaluait comme quelqu'un capable de gagner 5.000 dollars par an; et tant qu'il garda cette conception de lui-même, les conditions extérieures avaient peu d'importance.

«Lorsqu'on lui assignait un secteur médiocre, il travaillait dur pour arriver à ces 5,000 dollars. Quand on l'affectait à un bon secteur il se trouvait toutes sortes d'excuses qui émergeaient lorsqu'il atteignait son plafond de 5,000 dollars. Une fois, dès qu'il eut atteint son but, il tomba malade et fut incapable de travailler davantage cette année-là, bien que les médecins ne trouvaient chez lui rien d'anormal; et il guérit miraculeusement le 1er janvier suivant.»

Tout le monde est-il hypnotisé?

Il n'est pas exagéré de dire que chaque être humain est hypnotisé à un certain degré, soit par les idées qu'il a acceptées des autres sans critique, soit par les idées qu'il s'est répétées à lui-même ou dont il s'est convaincu qu'elles sont la vérité. Ces idées négatives ont exactement les mêmes effets sur notre comportement que les idées négatives introduites dans l'esprit d'un sujet par un hypnotiseur professionnel.

Ainsi que l'a dit le Dr BARBER, il est terriblement facile, lorsqu'on voit se produire des phénomènes assez miraculeux au cours d'une séance d'hypnotisme, de supposer chez l'hypnotiseur lui-même quelque pouvoir magique. Le pouvoir, la capacité foncière à réaliser ces actions était constamment inhérente chez ces sujets, bien avant qu'ils ne rencontrassent l'hypnotiseur. Les sujets étaient cependant incapables d'*utiliser* ce pouvoir car ils ne savaient pas eux-mêmes qu'ils le possédaient. Ils l'avaient refoulé et mis à l'écart, *à cause de leurs propres croyances négatives*. Sans s'en rendre compte, ils s'étaient hypnotisés eux-mêmes jusqu'à croire qu'ils ne pourraient faire tout cela. Il serait donc plus juste de dire que l'hypnotiseur les a «déshypnotisés» que de dire qu'ils les a hypnotisés. Ce pouvoir vous appartient dès l'instant où vous pouvez changer vos croyances et aussi vite que vous pouvez vous déshypnotiser de ces idées:

«je ne veux pas», «je ne vaux rien», «je ne le mérite pas» et autres pensées auto-limitatives.

Vous pouvez vous guérir de votre complexe d'infériorité

Au moins 95 % des gens voient, à un degré ou à un autre, leur vie ruinée par des sentiments d'infériorité; et pour des millions d'entre eux, ce sentiment d'infériorité est un sérieux handicap vers le succès et le bonheur.

Dans un certain sens, chaque être humain sur la surface de la terre est infé-rieur à un ou plusieurs autres. je *sais* que je ne peux soulever un poids aussi lourd que Paul Anderson, lancer le poids de 7 kg aussi loin que Parry O'Brien, ni danser aussi bien qu'Arthur Murray. Tout cela je le *sais* mais il n'en découle pour moi *aucun sentiment* d'infériorité.

Ce n'est pas la *connaissance* d'une véritable infériorité de talent ou de savoir qui nous donne un complexe d'infériorité et trouble nos vies. Ce qui provoque ceci c'est le *sentiment* d'infériorité.

Et ce *sentiment d'infériorité* surgit pour une seule raison qui est la suivante: nous nous jugeons nous-même et nous nous évaluons, non par rapport à notre propre «norme» ou «niveau», mais par rapport à la «norme» de certaines autres personnes. Lorsque nous agissons ainsi, nous arrivons toujours en deuxième position, et ceci sans aucune exception. La conclusion logique de ce processus bancal de raisonnement est de considérer que nous ne sommes pas «digne»; que nous ne méritons pas le succès et le bonheur; et qu'il serait déplacé pour nous d'épanouir totalement nos capacités et nos talents quels qu'ils puissent être sans nous trouver obligés de nous justifier ou de nous sentir coupables à leur sujet[2].

Tout ceci se produit parce que nous nous sommes laissés hypnotiser par l'idée complètement erronée: «Je devrais être de telle et telle manière», ou «je devrais ressembler à tout le monde».

L'Infériorité et la Supériorité sont les deux faces de la même pièce de mon-naie. La guérison consiste à se rendre compte que c'est la pièce qui est fausse. La *vérité* sur vous, la voici:

Vous n'êtes pas «inférieur».

Vous n'êtes pas «supérieur».

Vous êtes simplement «Vous».

«Vous», en tant que personnalité unique, n'êtes comparable à aucun autre, tout simplement parce qu'il n'y a personne au monde qui soit comme vous, pas même ceux qui vous ressemblent le plus. Vous êtes un individu. Vous êtes uni-que. Vous n'êtes pas «comme» quelqu'un d'autre et vous ne pourrez jamais deve-nir «comme» qui que ce soit d'autre. Vous n'êtes pas «supposé» être comme qui que ce soit et personne n'est «supposé» être comme vous.

De plus, le psychiatre Norton L. WILLIAMS, s'adressant récemment à un colloque de médecine, affirmait que l'anxiété et le sentiment d'insécurité de l'homme moderne était le résultat d'un manque de «réalisation de soi» et qu'on ne peut parvenir à la sécurité intérieure qu'«en découvrant en soi-même une individualité, un être unique et distinct. Il disait également que la réalisation de soi s'acquiert par «la simple croyance d'être une créature unique, par un sens très développé d'une grande attention à tous êtres et à toutes choses, et par le sentiment d'influencer autrui d'une façon constructive, grâce à sa propre personnalité».

Comment employer la relaxation pour vous déshypnotiser

Il a été largement démontré que vouloir essayer d'employer l'effort ou la volonté pour changer les croyances ou se guérir d'habitudes néfastes, loin de produire un effet bénéfique, produit l'effet inverse. Émile COUE, le petit pharmacien français qui a étonné le monde vers 1920 avec les résultats qu'il avait obtenus grâce au «pouvoir de suggestion», affirmait que l'effort était la raison principale qui empêchait la plupart des gens d'employer leurs pouvoirs intérieurs. «Vos suggestions (buts idéaux) doivent être faites sans effort si vous voulez qu'elles soient efficaces» disait-il. Une autre parole célèbre de Coué était contenue dans sa «Loi de l'effort inverse»: «Lorsque la Volonté et l'Imagination entrent en conflit, l'Imagination gagne invariablement».

La meilleure façon pour supprimer une habitude est de former une image mentale bien claire des résultats désirés, et de s'exercer sans effort à atteindre ce but. Le docteur Dunlap constata qu'à la fois la «conduite positive» (réfréner l'habitude) et la «conduite négative» (continuer l'habitude consciemment et volontairement) auraient toutes les deux un effet bénéfique à condition de garder constamment à l'esprit le résultat final désiré.

La relaxation physique, lorsqu'elle est pratiquée quotidiennement, fait surgir parallèlement une «attitude de relaxation mentale» qui nous permet de mieux contrôler consciemment notre mécanisme automatique. La relaxation physique possède aussi en elle-même une puissante influence pour «déshypnotiser» de nos modèles d'attitudes et de réactions négatives.

Comment se servir de l'imagerie mentale pour se relaxer[3]

EXERCICE PRATIQUE: (à faire au moins pendant 30 mn/jour).

Installez-vous confortablement dans un fauteuil ou étendez-vous sur le dos. Laissez jouer consciemment et le plus possible vos divers groupes de muscles et cela sans faire trop d'effort. Soyez simplement conscient et attentif aux diverses parties de votre corps et laissez-vous aller. Cessez de vous plisser le front, laissez-le se détendre. Relâchez un peu la tension de vos mâchoires. À partir de là, vous vous relaxerez de plus en plus, en utilisant votre mécanisme créatif pour vous procurer automatiquement un état de détente. En résumé, vous allez utiliser les «images de but» créées par votre imagination, et laisser votre mécanisme automatique réaliser ces buts pour vous.

Image mentale n° 1

Votre corps est une marionnette géante. Vos mains sont reliées à vos poignets par des ficelles assez lâches. Votre avant-bras est fixé à votre coude de la même manière, et votre bras à votre épaule. Vos pieds, vos mollets, vos cuisses sont aussi reliés par une ficelle. Votre cou se réduit à une seule ficelle très souple. Les ficelles qui actionnent vos mâchoires et rattachent vos lèvres l'une à l'autre se sont tellement détendues et allongées que votre menton s'est affaissé sur votre poitrine. Toutes les diverses ficelles qui relient toutes les parties de votre corps sont lâches et détendues, et votre corps est étalé en travers du lit.

Image mentale n° 2

Votre corps se compose d'une série de ballons de caoutchouc gonflés. Une valve s'ouvre dans chacun de vos pieds, et l'air commence à s'échapper de vos jambes, qui alors s'affaisent de plus en plus jusqu'à ne plus former que des tubes de caoutchouc dégonglés, étendus à plat sur le lit. Puis une valve s'ouvre dans votre poitrine et dès que l'air s'échappe, votre tronc commence à s'affaisser mollement sur le lit. Continuez avec les bras, la tête et le cou.

Image mentale° 3

Beaucoup de lecteurs trouveront sans doute que cet exercice est de tous le plus relaxant. Remémorez-vous simplement une scène agréable et délassante de votre passé. Accordez alors une attention bienveillante à tous les petits éléments annexes de l'environnement. Plus vous pourrez vous rappeler et vous représenter ces détails anodins, mieux vous réussirez à vous relaxer.

C'est par des exercices quotidiens que vous ferez apparaître, de plus en plus clairement, ces images mentales ou souvenirs. Cet apprentissage aura également un effet cumulatif. Le lien entre l'image mentale et la sensation physique sera renforcé par la pratique. Vous deviendrez de plus en plus doué pour vous relaxer, et cela aussi sera «remémoré» lors des futurs exercices pratiques.

Points à retenir de ce chapitre (à remplir)
1)
2)
3)
4)
5)
6)
7)
CAS VÉCU;

(1) Ainsi se ferme la boucle de l'effet Pygmalion ou «prédiction auto-déterminante» lorsqu'un professeur persuadé de la faiblesse — ou de la force — d'un élève, va tendre à le fixer à ce niveau, *quelle que soit la valeur de l'élève* (NDT).

(2) Vouloir ressembler et imiter les autres est aussi vain que de vouloir mesurer 1,70 m si telle est la «norme» ou avoir 30 ans si tel est l'âge moyen (NDT).

(3) NDE. Des cassettes de relaxation pré-enregistrées sont disponibles auprès de Christian H. Godefroy, B.P. 6, 27760 La Ferrière-sur-Risle.

CHAPITRE V

Comment utiliser le pouvoir de la pensée rationnelle

L'erreur que font communément les gens est de croire que la pensée rationnelle, logique et consciente, n'a aucun pouvoir sur les processus et les nécanismes inconscients, et qu'il est nécessaire d'aller remuer au fond de la matière de «l'inconscient» pour transformer les croyances, les sentiments et les comportements négatifs.

Notre mécanisme automatique, ou ce que les Freudiens appellent «l'Inconscient», est absolument impersonnel. Il fonctionne seulement à partir des données qu'on lui fournit sous forme d'idées, de croyances, d'interprétations, d'opinions.

C'est la *pensée consciente* qui est le «bouton de commande» de notre mécanisme inconscient. Ce fut par la pensée consciente, bien que peut-être irrationnelle et irréaliste, que l'appareil inconscient a développé ses modèles de réaction négative et inappropriée; c'est par la pensée consciente et rationnelle que l'on peut arriver à changer ces modèles de réactions automatiques.

Laissez dormir vos mauvais souvenirs

Le fait qu'il y ait des «choses enfouies» dans notre inconscient, que ce soit le souvenir d'échecs passés ou des expériences pénibles et désagréables, ne signifie pas qu'il faille les «déterrer», les mettre à nu et les examiner si on veut produire des changements chez l'individu. Comme nous l'avons souligné précédemment, on apprend en faisant des essais et des erreurs. Ces expériences négatives ne sont pas inhibitrices, mais au contraire, *favorisent* l'apprentissage aussi longtemps qu'elles sont utilisées comme «données à rétroaction négative» et qu'elles sont considérées comme des déviations par rapport au but désiré.

Cependant, aussitôt que l'erreur a été reconnue comme telle, et une fois bien sûr la correction faite, il est également essentiel que *cette erreur soit oubliée consciemment de notre esprit* et que la tentative positive soit enregistrée et «fixée».

41

Cette mémoire d'échecs passés est sans danger tant que notre pensée consciente et notre attention sont concentrées sur le but positif que l'on veut accomplir. En conséquence, il est préférable de laisser dormir ces mauvais souvenirs.

Se critiquer continuellement pour les fautes et les erreurs passées n'arrange pas les choses, mais au contraire tend à maintenir le comportement que vous voudriez changer. Les mémoires d'échecs passés *peuvent* influencer défavorablement l'action présente si l'on s'y raccroche tout le temps en concluant stupidement: «J'ai échoué hier, alors inévitablement je vais échouer aujourd'hui». Cependant, cela ne «prouve» pas que les modèles de réaction inconsciente ont eux-mêmes le pouvoir de se répéter et de se perpétuer; ou bien que tous les souvenirs d'échecs doivent être «extirpés» avant que le comportement puisse changer. Ce n'est pas «l'inconscient» mais bien notre esprit pensant et conscient qui fait de nous des victimes. Car c'est avec la partie pensante de notre personnalité que nous tirons des conclusions et choisissons des «images de but» sur lesquelles nous nous concentrerons. À la minute même où nous *changeons nos pensées* et arrêtons de donner au passé tout pouvoir, ce passé, avec ses fautes, perd toute emprise sur nous.

Ignorons les échecs passés et allons de l'avant

Dorothée Brande raconte, dans son charmant livre: «Réveillez-vous et vivez», comment elle a réussi à augmenter avec succès sa production littéraire et de se découvrir des talents et des aptitudes qu'elle ignorait posséder. Elle avait éprouvé à la fois de la curiosité et de la surprise après avoir été témoin d'une séance d'hypnose. Puis elle eut l'occasion de lire une phrase du psychologue F. M. H. MYERS qui, dit-elle, transforma toute sa vie. Myers expliquait que les talents et aptitudes qui se manifestaient chez les sujets sous hypnose étaient dus à une «purge de la mémoire» des échecs passés. Si cela est possible sous hypnose, se dit Miss Brande, si les gens ordinaires portent en eux des talents et des aptitudes, des potentialités qui restent inutilisés, ancrés au fond d'eux-mêmes simplement à cause de la mémoire d'échecs passés, alors pourquoi une personne à l'état éveillé ne pourrait-elle pas utiliser ces mêmes potentialités en ignorant simplement ses échecs passés et «en agissant comme s'il était impossible d'échouer ?» Elle agit comme si des forces et des aptitudes désirées étaient déjà présentes et elle pouvait en faire usage à condition d'aller de l'avant et de «FAIRE COMME SI», au lieu d'essayer à moitié sans que le coeur y soit.

La méthode de Bertrand Russell

Dans son livre: «La Conquête du Bonheur», Bertrand Russell écrit: «Je ne suis pas né heureux. Enfant, mon hymne favori était: «Las du monde et plein d'iniquité» (...). Adolescent, j'ai haï la vie et j'étais continuellement sur le point de me suicider, ce dont j'étais empêché par mon désir de me perfectionner en mathématiques. Maintenant, au contraire, j'aime la vie, je pourrais presque dire que chaque année qui passe, je l'aime davantage (...) mais, cela est dû, en grande partie, à une décroissance de la préoccupation pour ma propre personne. Comme tant d'autres qui ont eu une éducation puritaine, j'avais l'habitude de méditer sur mes péchés, mes folies et mes imperfections. Je me paraissais — certainement à juste titre — un type misérable. Peu à peu, j'appris à manifester de l'indifférence à l'égard de moi-même et de mes défauts; j'en vins à concentrer mon attention de plus en plus sur les choses extérieures: l'état du monde, les diverses branches du savoir, les personnes pour lesquelles je ressentais de l'affection.» (Bertrand Russell, La Conquête du Bonheur, chapitre I, traduction de N. Rabinot, chez Payot-Paris.)

On ne change pas ses idées par la «volonté» mais par d'autres idées

Lecky découvrit qu'il y avait deux «leviers» puissants pour changer nos croyances et nos concepts. Il y a les convictions «standard» auxquelles presque tout le monde tient profondément. Ce sont: premièrement le sentiment ou la croyance que l'on est capable d'y mettre du sien et de s'assumer soi-même, déployant ainsi une certaine dose d'indépendance; et deuxièmement la croyance qu'il y a «un naturel en nous» qui n'accepte pas de souffrir l'indignité.

Examinez et réévaluez vos croyances

Une des raisons pour lesquelles les gens ne reconnaissent pas le pouvoir de la pensée rationnelle vient de ce qu'il est rarement utilisé.

Rappelez-vous que le comportement et les sentiments proviennent tous les deux d'une croyance. Pour déraciner la croyance responsable de votre sentiment et de votre comportement, demandez-vous: «Pourquoi?» Y a-t-il une voie par laquelle vous voudriez vous exprimer mais vous hésitez, croyant: «Je ne peux pas?» Demandez-vous alors: «POURQUOI?»

«Pourquoi devrais-je croire que je ne le peux pas?»

Puis demandez-vous: «Cette croyance est-elle basée sur un fait réel? sur une supposition? ou sur une conclusion fausse?»

Puis posez-vous ces questions:

1) Y a-t-il une raison rationnelle à cette croyance?

2) Se pourrait-il que je me trompe en croyant cela?

3) En viendrais-je à la même conclusion s'il s'agissait d'une toute autre personne dans une situation analogue?

4) Pourquoi devrais-je continuer à agir et à ressentir comme si c'était vrai s'il n'y a pas de bonne raison de le croire?

Ne passez pas négligemment sur ces questions. Luttez au corps-à-corps avec elles. Pensez-y *très fort*. Qu'elles vous troublent. Ne voyez-vous pas que vous vous êtes trompé et sous-estimé, non pas à cause d'un «fait», mais simplement à cause de quelque stupide croyance? Si c'est le cas, essayez de susciter de l'indignation, de la colère même. L'indignation et la colère peuvent parfois aider à se libérer de fausses idées. Alfred Adler «devint furieux» contre lui-même et contre son professeur et il fut alors capable de se débarrasser d'une définition négative de lui. Cette expérience n'est pas si rare.

Le pouvoir du désir intense

Pour être efficace à changer les croyances et le comportement, la pensée rationnelle doit être accompagnée de sentiments intenses et de désir.

Imaginez-vous ce que vous voudriez être et avoir; supposez pour le moment que de telles éventualités sont possibles. Éveillez en vous un désir profond pour elles et enthousiasmez-vous. Fixez-les bien et gardez-les toujours à l'esprit. Vos croyances négatives actuelles ont été formées par des pensées liées à des sentiments[1]. Créez assez d'émotion ou de sentiment et vos nouvelles pensées et idées annuleront complètement les anciennes croyances négatives.

Si vous voulez bien analyser ce processus, vous vous apercevrez que vous l'avez souvent emprunté autrefois. Mais attention! La seule différence, c'est que vos buts doivent devenir positifs et non plus négatifs. Dorénavant, transformez «l'image de but» et vous pourrez créer aussi facilement des «bonnes émotions». «L'homme est tel qu'il pense en son coeur.» (Dr. Dunlap)

Souvenez-vous aussi que votre mécanisme automatique ne pose pas de questions ni ne raisonne sur les données que vous lui fournissez. Il se contente d'opérer et d'agir.

Il est très important que de vrais faits relatifs à l'environnement soient transmis au mécanisme automatique. Le rôle de la pensée rationnelle consciente est: *savoir ce qui est vrai*, formuler des *hypothèses*, des évaluations et des opinions correctes. Dans cette suite d'idées, la plupart d'entre nous ont tendance à se sous-estimer et à surestimer la nature de la difficulté se dressant devant eux: «Pensez toujours à ce que vous avez à faire comme une chose facile et cela se fera», disait Émile COUE.

On ne sait jamais avant d'essayer

C'est le rôle de la pensée rationnelle et consciente d'examiner et d'analyser les messages qui arrivent, d'accepter ceux qui sont vrais et de rejeter ceux qui sont faux. Beaucoup de gens sont déconcertés par la remarque fortuite d'un ami: «Tu ne parais pas tellement en forme ce matin!». S'ils sont rejetés ou ont subi un affront, ils «avalent» aveuglément le «fait» qui signifie qu'ils sont un être inférieur. Tous les jours, la plupart d'entre nous sont soumis à des suggestions négatives. Si notre esprit conscient fonctionne et travaille correctement, nous n'avons pas à les accepter aveuglément. «Ce n'est pas obligatoirement ainsi» est une bonne devise.

Nous devrions plutôt imiter cet homme à qui l'on demandait s'il pouvait jouer du piano: «Je ne sais pas», répondit-il, «Qu'entendez-vous par: je ne sais pas?». «Je n'ai jamais essayé».

Gardez l'oeil sur la balle

Le rôle de votre esprit conscient est de se *concentrer attentivement* sur la tâche en cours, sur ce que vous êtes en train de faire et sur ce qui se passe autour de vous pour que les messages sensoriels qui arrivent puissent permettre à votre mécanisme automatique d'être constamment renseigné sur l'environnement afin de lui permettre de répondre spontanément. En termes de base-ball, vous devez «gardez l'oeil sur la balle».

En résumé, la pensée rationnelle consciente choisit le but, rassemble l'information, évalue, conclut, estime et met la machine en route. *Cependant, elle n'est pas responsable des résultats.* Contentons-nous de bien faire notre travail, d'agir suivant les meilleures hypothèses disponibles et de *laisser les résultats se produire d'eux-mêmes.*

(1) Obligatoirement, la pensée a dû s'associer au sentiment pour qu'il y ait eu fixation d'un comportement ou d'une croyance. La pensée EST le noyau de la molécule d'affect (NDT).

CHAPITRE VI

Relaxez-vous et laissez votre mécanisme de succès travailler pour vous

Depuis quelque temps le mot «stress» fait recette[1]. Nous vivons l'âge du stress. L'inquiétude, l'angoisse, l'insomnie et l'ulcère à l'estomac sont le tribut payé au monde qui nous environne.

Est-ce inéluctable? J'ai la conviction que non.

Ne soyez pas trop soucieux

C'est pourtant ce que l'homme moderne essaie précisément: que la pensée consciente résolve tous ses problèmes.

«L'Évangile de la Relaxation (William James) dépeignait déjà (en 1899) l'homme moderne trop tendu, trop anxieux, trop soucieux des résultats, et selon lui il y avait une manière de vivre meilleure et plus facile. Si nous voulons que nos courants d'idées et de désirs soient abondants, variés et efficaces, nous devons prendre l'habitude de les libérer de l'influence inhibitrice de la réflexion et de la préoccupation obsessionnelle de leur bonne réalisation. Une telle habitude se forge, comme n'importe quelle autre. La prudence, le devoir, l'égard pour soi-même, la force de l'ambition et le sentiment d'anxiété jouent bien sûr un rôle utile dans notre vie. Mais réservons-les si possible pour les seuls moments où nous prenons une décision grave, et établissons notre plan de campagne; ne les mêlons pas constamment aux moindres détails. *Une fois la décision prise et en passe d'être exécutée*, abdiquez absolument toute responsabilité et toute inquiétude du résultat. En un mot, débloquez votre mécanisme intellectuel et pratique, et laissez-le agir à sa guise; il vous rendra deux fois plus service de cette façon» (W. James, «On vital Reserves).

Soyez vainqueur en abdiquant

«Ne vous sentez plus responsables, lâchez du lest, remettez la charge de votre destinée à des forces plus puissantes, soyez absolument indifférent à tout ce qui peut s'ensuivre... Il s'agit d'écarter un instant notre petit moi, toujours agité, pour s'apercevoir de la présence en nous d'un Moi plus majestueux. La régénération physique et morale qui découle de la cessation de tout effort, les résultats de cet optimisme confiant, grands ou petits, lents ou rapides, sont des faits humains indiscutables, quelle qu'en soit l'explication dernière». (William JAMES, «L'expérience religieuse: essai de psychologie descriptive»).

Le vrai secret de la pensée créatrice et de l'acte créateur

Il est notoire que lorsque Thomas A. Edison butait sur un problème, il avait coutume de s'allonger et de faire un petit somme.

Charles Darwin rapporte ainsi l'irruption soudaine d'un éclair intuitif, après des mois de cogitations vaines à la recherche d'idées pour «L'origine des Espèces»: «Je me rappelle parfaitement l'endroit sur la route, alors que je voyageais, quand à ma grande joie, la solution m'apparut.»

Bertrand RUSSELL écrit: «J'ai constaté, par exemple, que si je dois écrire sur un sujet plutôt difficile, le meilleur procédé est d'y penser avec une très grande intensité — la plus grande intensité dont je sois capable — pendant quelques heures ou quelques jours, et au bout de ce temps d'ordonner (pour ainsi dire) que ce travail se fasse inconsciemment. Au bout de quelques mois, je reviens consciemment à mon sujet et constate que le travail a été fait. Avant d'avoir découvert cette technique, j'avais l'habitude de passer dans l'inquiétude les mois qui s'écoulaient car je je faisais aucun progrès; mes inquiétudes ne me faisaient pas découvrir plus vite la solution et les mois que je passais ainsi étaient gaspillés, alors que maintenant je peux les consacrer à d'autres activités» (Bertrand Russell, «La conquête du bonheur», traduction de N. Rabinot — Payot — Chapitre V).

Vous êtes un «créatif»

L'erreur est de croire que ce processus de «travail cérébral inconscient» est réservé aux seuls écrivains, inventeurs ou «créatifs». Nous sommes tous des créatifs, que nous soyons ménagère à la cuisine, professeur, étudiant, vendeur ou homme d'affaires. Nous possédons tous en nous le même «mécanisme de succès» qui sait traiter les problèmes personnels, diriger une affaire, vendre des marchandises, exactement comme pour écrire une histoire pour inventer.

Ne bloquez pas votre mécanisme créateur

Tout effort conscient inhibe et «bloque» le mécanisme créateur automatique. Les gens qui sont mal à l'aise en société le sont uniquement parce qu'ils sont trop concentrés, trop angoissés à chercher à bien faire. Le moindre mouvement, la moindre action, la moindre parole sont calculés à grand-peine. De telles personnes sont «inhibées», dit-on couramment. C'est vrai, mais il serait plus exact de dire que la «personne» n'est pas inhibée en elle-même, mais elle a «inhibé» son propre mécanisme créateur. Si au contraire elle se laissait aller, arrêtait ses efforts, ses préoccupations; en bref ne s'inquiétait pas de son comportement, elle pourrait alors agir créativement, spontanément, et «être enfin elle-même».

Cinq règles pour libérer votre mécanisme créateur

1° *«Faites vos supputations avant de miser et non une fois que la roulette tourne.»*
Cette expression, je la dois à un directeur commercial qui avait un faible pour la roulette. Ce fut pour moi une «phrase magique» car elle m'aidait à surmonter mes inquiétudes, et du même coup à agir d'une manière plus créatrice et efficace.

Je prenais souvent des décisions ou m'embarquais dans une forme d'action sans préparation adéquate, sans tenir compte de tous les risques éventuels, ni quelle serait la meilleure alternative possible. Mais après avoir lancé la roue, pour ainsi dire, je me tourmentais continuellement de l'issue de ma démarche: avais-je bien fait tout ce qu'il fallait? Je pris alors la résolution que désormais je réfléchirais et je me soucierais *avant* toute décision, et qu'ensuite, ayant fait tourner la roue, «j'abdiquerais absolument toute responsabilité et toute inquiétude envers le résultat». Et croyez-moi, ça marche. Non seulement je me sens plus à l'aise, je dors mieux, je travaille mieux, mais mes affaires vont beaucoup plus rondement.

2° *«Forgez-vous l'habitude de répondre consciemment au moment présent.»*
Mettez consciemment en pratique l'habitude de «ne pas penser avec angoisse au lendemain», *en consacrant toute votre attention au moment présent.*

Votre mécanisme créateur ne peut pas fonctionner ni travailler «au futur». Il ne peut opérer que dans le présent — aujourd'hui; faites des plans à long terme pour le lendemain. Mais n'essayez pas de *vivre* dans le futur, ni dans le passé. Vivre créativement signifie *répondre* et *réagir* spontanément à l'environnement. Votre mécanisme créateur peut répondre adéquatement et utilement aux circonstances présentes à condition que celles-ci accaparent votre attention et que vous le teniez informé de ce qui se passe présentement.

Vivez au jour le jour

Cette simple habitude qui pourrait s'acquérir comme n'importe quelle autre, était selon le Dr. William OSLER, l'unique secret de son bonheur et de son succès. «Expérimentez «votre vie au jour le jour», conseillait-il à ses étudiants. Ne pensez pas à ce qui s'est passé il y a plus de 24 heures ni à ce qui se passera au-delà des prochaines 24 heures. Vivez présentement du mieux que vous le pouvez. En vivant bien aujourd'hui vous faites tout ce qui est en votre pouvoir pour que demain soit meilleur[2]. Si vous n'avez pas encore lu son excellent ouvrage: «A Way of Life» qui décrit tous les avantages de cette attitude, faites-le au plus vite.

Les Alcooliques Anonymes se réfèrent au même principe lorsqu'ils conseillent: «N'essayez pas de dire: je ne boirai plus jamais — dites simplement «aujourd'hui je ne boirai pas».

Arrêtez — regardez — écoutez!

Exercez-vous consciemment à *regarder* et à *écouter*. Devenez sensible au toucher des objets. Depuis combien de temps avez-vous réellement senti le trottoir sous vos pieds lorsque vous marchez? Les Indiens américains et les premiers pionniers, s'ils voulaient survivre, devaient se tenir aux aguets de l'environnement par l'ouïe, par la vue et par tous les sens. L'homme moderne doit faire de même, mais dans un but différent: non pour échapper aux dangers physiques, mais aux risques de «désordre nerveux» occasionnés par une pensée confuse, par une difficulté à vivre spontanément et créativement, et à réagir au mieux à l'environnement[3].

La prochaine fois que vous vous sentirez devenir tendu, peureux et nerveux, secouez-vous énergiquement et dites-vous: «A quoi dois-je faire face *ici* et *maintenant*? Puis-je *agir sur quelque chose?*». La nervosité provient pour une grande part du fait de «tenter» — sans le savoir — de faire quelque chose d'impossible à réaliser là et à cet instant. Vous êtes pris dans l'engrenage d'une action qui ne peut se dérouler.

3° *«Essayez de ne faire qu'une chose à la fois.»*

Une autre cause génératrice de confusion, et des sentiments de nervosité, d'impatience et d'anxiété qui en résultent, est l'habitude absurde de vouloir faire plusieurs choses à la fois. Tel homme d'affaires, au lieu de se concentrer exclusivement sur la lettre qu'il est en train de dicter, remuera dans son esprit toutes les choses qu'il *voudrait* réaliser le jour même, ou au cours de la semaine, et il essaiera inconsciemment de les accomplir toutes à la fois mentalement. Cette habitude est particulièrement insidieuse du fait qu'elle est rarement reconnue pour ce qu'elle est. Quand nous éprouvons de l'inquiétude, de l'anxiété ou même de la peur en pensant à la montagne de tâches qui nous attend, ce n'est pas le travail lui-même qui est la cause de ce sentiment de peur, mais notre attitude mentale, qui se résume ainsi: «je devrais pouvoir faire tout cela immédiatement».
La nervosité nous gagne car nous tentons l'impossible, rendant ainsi inévitable la futilité et la frustration. On ne peut faire qu'une chose à la fois, voilà l'évidence.

La leçon du sablier

En 1944 le Dr. James Gordon GILKEY fit un sermon intitulé «Comment atteindre l'équilibre émotionnel», qui fut retranscrit dans «Reader's Digest» et devint presque immédiatement un classique. Ses nombreuses années de consultations lui avaient enseigné qu'une des principales causes de la dépression, de l'inquiétude, et de toutes sortes de problèmes personnels, consistait en cette néfaste habitude mentale d'éprouver le sentiment d'avoir à faire beaucoup de choses en même temps. En regardant le sablier posé sur son bureau, il eut soudain une inspiration. De même que les grains de sable s'écoulent un à un par le goulot du sablier, nous ne pouvons faire qu'une seule chose à la fois. Ce n'est pas le travail qui sème le trouble, mais la façon que nous avons d'y penser beaucoup trop.

Ainsi, même au cours de la journée la plus chargée, nous traversons les heures de pointe une par une; quelle que soit l'abondance de problèmes, de tâches ou d'efforts auxquels nous devons faire face, ils nous arrivent toujours *à la file*, seule façon dont ils *peuvent* venir[4]. Afin d'obtenir une image mentale juste, il suggère de visualiser les grains de sable passant *un à un* dans un sablier. Cette image mentale apportera une équilibre émotionnel, de la même manière qu'une image mentale fausse provoque une agitation émotionnelle.

4° *«Dormez sur le problème.»*

Si vous avez été aux prises avec un problème toute une journée sans constater aucun progrès, essayez de le chasser de votre esprit, et repoussez toute décision jusqu'à ce que vous ayez l'occasion de «dormir sur le problème». Rappelez-vous que votre mécanisme créateur devient plus efficace lorsque votre «Je» conscient fait le moins possible d'interférence avec lui. Le sommeil offre au mécanisme créateur une occasion idéale d'oeuvrer à l'abri de tout antagonisme de la conscience, à condition que vous ayez préalablement mis le système en mouvement. L'archevêque dénommé Temple de Canterbury affirmait: «Toutes les pensées décisives se décantent dans les coulisses, je peux rarement dire à quel moment elles éclosent... la plupart sans doute pendant le sommeil.» Nombre d'hommes d'affaires, le fait est moins connu, emploient la même technique. Henry Cobbs, par exemple, qui démarra un commerce au début des années 30 par un marché de 10 dollars, et qui maintenant dirige une firme de vente de fruits en gros à North Miami en Floride, dont le chiffre d'affaires atteint plusieurs millions de dollars, garde à son chevet un carnet où il note, dès son réveil, les idées créatrices.

Détendez-vous pendant le travail

Exercice pratique: Au chapitre IV, vous avez pu apprendre à utiliser votre sommeil pour une relaxation physique et mentale. Persistez à pratiquer quotidiennement la relaxation et vous deviendrez de plus en plus efficace. Pendant ce temps, vous pouvez tirer parti de ce «sentiment de décontraction» et de cette attitude détendue, tout en vaquant à vos activités quotidiennes à condition de prendre l'habitude de vous «remémorer» mentalement le sentiment agréable de relaxation que vous vous procurez. Pratiquez-la fidèlement, vous serez surpris de voir combien s'atténue votre fatigue, et à quel point vous êtes mieux en mesure de maîtriser les situations.

Points à se rappeler (à remplir):
1)
2)
3)
4)
5)
6)
7)
Cas personnel ou exemple:

Le bonheur est une habitude mentale
qui peut se cultiver et se développer

«La plupart des gens sont heureux lorsqu'ils veulent bien s'en convaincre» dit Abraham LINCOLN.

«Le bonheur est purement intérieur» dit le Dr Matthew N. CHAPPELL, «il est produit non par des objets mais par des idées, des pensées, des attitudes qui peuvent être développées et construites par les activités propres de l'individu, indépendamment de l'environnement.»

La plupart du temps nous réagissons aux petits ennuis, frustrations et aux manques avec grognement, insatisfaction, ressentiment et irritation, simplement par automatisme. Nous pouvons réagir de cette façon depuis si longtemps que c'est devenu une *habitude*. Beaucoup de ces réactions habituelles contre le malheur sont causées par quelques événements que nous avons interprétés comme une gifle à notre amour-propre. Par exemple, quelqu'un nous interrompt et ne prête pas attention pendant que nous bavardons. Même les événements impersonnels peuvent être interprétés comme des affronts à notre amour-propre. Il suffit qu'il y ait beaucoup de circulation alors que justement nous devions prendre l'avion. Nous réagissons avec colère, ressentiment et nous nous apitoyons sur notre sort; en d'autres termes nous sommes *malheureux*.

Cessez de laisser les choses vous entraîner

En apprenant la méthode du bonheur, vous devenez maître au lieu d'être un esclave, ou, ainsi que le disait Robert Louis STEVENSON: «L'habitude d'être heureux nous rend capable d'être libéré et largement libéré de la domination des conditions extérieures.»

Votre manière de voir peut engendrer le malheur

Même en considérant des conditions tragiques et l'environnement le plus défavorable, nous pouvons généralement nous arranger pour être *plus heureux*, sinon complètement heureux, en n'ajoutant pas à la malchance notre sentiment d'apitoiement sur nous-mêmes, de ressentiment et nos propres idées contradictoires.

«Comment puis-je avoir la possibilité d'être heureux?» demanda un homme d'affaires, «je viens de perdre 200 000 dollars; je suis ruiné et déshonoré». «Vous pouvez être *plus heureux*, lui dis-je, en n'ajoutant pas à ce fait votre perception. Vous avez perdu 200 000 dollars? C'est un fait; mais c'est *vous* qui pensez être ruiné et déshonoré.»

Je lui ai donc suggéré qu'il se souvienne d'un dicton d'Epictète qui m'a toujours plu: «Les hommes se rendent malheureux non par les choses qui arrivent mais par leur manière de voir les choses qui arrivent.»

Le comportement qui engendre le bonheur

Le bonheur est un symptôme normal, fonctionnant naturellement; et lorsque l'homme agit tel un être tendu vers un but, il a tendance à se sentir très heureux, indépendamment des circonstances.

Mon jeune ami, l'homme d'affaires était très malheureux parce qu'il avait perdu 200 000 dollars. Thomas A. Edison fut privé d'un laboratoire qui valait des millions, au cours d'un incendie et il n'avait pas d'assurance. «Qu'allez-vous donc faire maintenant?» lui demanda quelqu'un. «Nous commencerons à construire demain matin» répondit-il. Il gardait une attitude combative; il avait encore un but malgré sa malchance. Le psychologue H.L. HOLLINGWORTH a dit que le bonheur avait *besoin* de problèmes et d'une attitude mentale sensible au malheur, accompagnée d'une action vers une solution.

«Une grande partie de ce que nous appelons le mal vient uniquement de la façon dont nous prenons les choses. Le mal peut souvent être transformé en un tonique, c'est-à-dire en un bien, par la simple substitution d'une attitude de combat au découragment et à la crainte.

Je racontai tout ceci au jeune homme d'affaires et lui suggérai que la véritable cause de son sentiment de désespoir n'était pas dû à la perte de ses 200 000 dollars, mais de son but. Il avait perdu son attitude offensive et se complaisait dans la passivité au lieu de réagir combativement.

«J'ai dû être stupide», me dit-il plus tard, «de vous laisser me convaincre que le fait de perdre de l'argent n'était pas la cause de mon désespoir, mais je suis terriblement content que vous l'ayez fait». Il s'arrêta de se plaindre de sa malchance, se ressaisit, se chercha un autre but et commença à travailler dans ce sens. Au bout de 5 années, non seulement il avait plus d'argent qu'il n'en avait jamais eu dans sa vie, mais encore pour la première fois, il s'occupait d'une affaire qui l'intéressait.

Exercice pratique:
- Prenez l'habitude de réagir positivement et d'une façon combative contre les menaces et les problèmes.
- Prenez l'habitude d'avoir toujours un objectif sans tenir compte de ce qui arrive.
- Faites-le en adoptant une attitude positive et combative en toutes circonstances de la vie quotidienne et aussi dans votre imagination.
- Imaginez-vous en train d'agir positivement et intelligemment pour résoudre un problème ou pour atteindre un but.
- Imaginez-vous en train de réagir aux menaces, non en prenant la fuite ou en les évitant, mais en leur faisant face et en luttant fermement et intelligemment.

---

(1) Ce terme anglais n'a pas d'équivalent français et de nombreuses définitions en ont été données. «Le stress est la réponse non spécifique de l'organisme à toute sollicitation», telle est la meilleure définition proposée par son «inventeur» le docteur Selye. Également: «le stress est l'usure que la vie inflige à la machine humaine» et «le stress désigne la somme de tous les effets non spécifiques de facteurs (activités normales, facteurs de maladies, remèdes, etc.) pouvant agir sur l'organisme» (NDT).
(2) C'est aussi la recommandation du Zen (NDT).
(3) Cf. Méthode Vittoz — Éd. du Levain (NDE).
(4) Car c'est ainsi que fonctionne notre mental: d'une façon ponctuelle et linéaire, comme on voit défiler un paysage lorsqu'on est dans le train, mais le paysage est complet en lui-même (NDT).

CHAPITRE VII

Vous pouvez acquérir
l'habitude du bonheur

Dans ce chapitre je voudrais vous parler du bonheur, non philosophiquement mais comme d'un sujet médical. La définition du bonheur que donne le Docteur John A. SCHINDLER est «un état d'esprit dans lequel nos pensées sont agréables de façon quasi-permanente». Je ne crois pas qu'on puisse trouver une meilleure définition que cette simple explication, tant du point de vue médical qu'éthique. Et c'est de ce sujet que nous allons nous entretenir dans ce chapitre.

Le bonheur est un bon remède

Le bonheur est inné dans l'esprit et le corps de l'homme. Lorsque nous sommes heureux, nous pensons mieux, nous sommes plus actifs, nous nous sentons mieux et nous sommes en meilleure santé. Même nos organes des sens fonctionnent mieux. De plus, pour Margaret CORBET, lorsque le sujet a d'agréables pensées, la mémoire augmente et l'esprit est détendu.

Le Docteur SCHINDLER a dit que le malheur est la seule cause de toutes les maladies psychosomatiques et que le bonheur est sa seule cure. En anglais le mot «maladie» signifie un état de malheur: ne pas être bien[1].

Il apparaît donc que dans notre façon de penser populaire, nous mettons la charrue avant les boeufs. Et nous disons: «Sois sage et tu seras heureux». Nous nous disons: «Je serais heureux si j'avais du succès et si j'étais en bonne santé». «Sois aimable et agréable envers les autres et tu seras heureux». Il serait plus vrai de dire: «Sois heureux et tu seras bon, tu auras plus de succès, une meilleure santé et tu agiras de manière plus généreuse envers les autres».

Les préjugés du bonheur

Le bonheur n'est pas une chose à gagner ou à mériter. Il ne vient pas de la morale tout comme la circulation du sang ne vient pas non plus de la morale. Les deux sont nécessaires à la vie et au bien-être. Le bonheur est tout simplement «un état d'esprit dans lequel nos pensées sont agréables de façon quasi-permanente». Si vous attendez de «mériter» pour penser à des choses agréables, il est vraisemblable que vous aurez des pensées déplaisantes concernant votre propre incapacité. «Le bonheur n'est pas la récompense de la vertu, disait SPINOZA, mais la vertu elle-même.

La recherche du bonheur n'est pas égoïste

La plupart des gens se sont empêché de rechercher le bonheur parce qu'ils pensent que ce serait «égoïste» ou «mal». Le désintéressement, le détachement, la générosité favorisent le bonheur; ils nous permettent de nous exprimer de manière créative et de nous satisfaire en aidant les autres. Le bonheur est le fait de se sentir actif et désintéressé, comme un complément naturel de l'*être* et de l'*action*, non comme une «récompense» ou un dû.

Le bonheur n'est pas dans le futur mais dans le présent

«Ainsi nous ne vivons jamais, mais nous espérons vivre; et, nous disposant toujours à être heureux, il est inévitable que nous ne le soyons jamais» écrivait PASCAL[2].

J'ai constaté que l'une des causes les plus connues de malheur chez mes patients c'est qu'ils essayent toujours de vivre leur vie selon un plan futur. Invariablement, ils sont déçus[3]. Le bonheur est une habitude mentale, une attitude mentale et si on ne l'apprend pas et si on ne le pratique pas maintenant on n'en acquiert jamais l'expérience. Il ne peut apparaître fortuitement en résolvant quelques problèmes extérieurs. Quand un problème est résolu, un autre apparaît pour prendre sa place. La vie est une série de problèmes. Si vous devez être heureux un jour, *vous devez être heureux*, un point c'est tout! et non heureux «à cause de...».

Pratiquez systématiquement «un état d'esprit sain»

«La santé mentale se mesure par une disposition à trouver toute chose bien» disait le très grand moraliste Ralph Waldo EMERSON. Si vous attendez que le bonheur vous saisisse, qu'il «arrive par hasard» ou qu'il vous soit apporté par les autres, vous attendrez vraisemblablement longtemps. Personne ne peut décider pour vous de ce que seront vos réflexions. Le fait de choisir délibérément de penser à des choses agréables est plus qu'un palliatif; cela peut avoir un résultat très pratique.

Carl ERSKINE, le célèbre joueur de baseball, a dit que les mauvaises pensées le faisaient perdre plus que les mauvais buts. «Un sermon m'a aidé à dominer la situation mieux que le conseil de n'importe quel arbitre» disait-il. «Sa manière de penser l'amenait à se comparer à un écureuil qui amasse des noisettes; nous devrions accumuler nos moments de bonheur et de triomphe de manière qu'en cas de crise nous puissions faire apparaître ces souvenirs pour nous aider et nous inspirer.»

Gene TUNNEY raconte comment, en se concentrant sur un «fait» désagréable, il a failli subir une défaite dans son premier combat contre Jack DEMPSEY. Il se réveilla une nuit après un cauchemar dans lequel il perdait le championnat. J'avais lu les journaux et tous ils relataient de quelle manière Tunney serait anéanti. Les journaux m'avaient fait perdre la bataille dans mon esprit.

Une partie de la solution était évidente. Cesser de lire les journaux, cesser de penser à la menace Dempsey, au poing menaçant de Jack et à la férocité de son attaque. *Je devais simplement fermer les portes de mon esprit* aux idées destructrices et dévier ma pensée sur autre chose.»

Un scientifique teste la théorie de la pensée positive

Le Dr Elwood WORCESTER, dans son livre «Corps, pensée et esprit», relate le témoignage d'un célèbre scientifique de renommée mondiale:

«Jusqu'à 50 ans, je fus un homme malheureux et inefficace. Aucun des ouvrages sur lesquels s'est créée ma réputation n'était publié... Je vivais dans un sentiment constant de tristesse et d'échec. Mon symptôme le plus douloureux était un mal de tête lancinant qui durait généralement deux jours par semaine durant lesquels je ne pouvais rien faire.

«J'avais lu les publications de NEW-THOUGHT qui se vendait très bien à l'époque, ainsi que quelques affirmations de William JAMES sur la manière de diriger son attention sur ce qui est bon et utile, en ignorant le reste. L'une de ses affirmations m'est restée à l'esprit: Nous serons peut-être amené à abandonner notre philosophie du mal, mais que représente-t-elle par rapport à l'acquisition d'une vie de bonheur? (ainsi que d'autres réflexions de ce genre). Jusqu'ici ces idées m'avaient semblé de simples théories mystiques, mais en réalisant que mon âme devenait malade et languissait, que ma vie était intolérable, je me décidai de mettre à l'épreuve ces affirmations... Je voulus limiter la période d'effort conscient à 30 jours, car je pensais que ce temps était suffisamment long pour en prouver l'efficacité ou non. Pendant ce mois, je pris la décision d'imposer certaines restrictions à mes pensées. Si je pensais au temps passé, je m'efforcerais de diriger mon esprit uniquement sur les événements heureux et agréables, les beaux jours de mon enfance, les encouragements de mes professeurs et la lente révélation de ma vie professionnelle. En pensant au présent, je tournerais mon attention sur les éléments désirables: mon foyer, l'occasion favorable de pouvoir travailler en solitaire, et je décidai d'utiliser à fond ces possibilités et d'ignorer le fait qu'elles semblaient ne mener à rien. En pensant au futur, je décidai de considérer toute ambition comme possible, valable et déjà à ma portée. Quoique cela pût être ridicule à cette époque, je considère maintenant que le seul défaut de mon projet était qu'il visait trop bas et qu'il ne contenait pas suffisamment de choses.»

Il raconte alors comment ses maux de tête cessèrent au bout d'une semaine et comment il se sentit plus heureux que jamais auparavant dans sa vie.

Comment apprendre l'habitude du bonheur

Notre propre Image-de-Soi et nos habitudes tendent à aller de pair. Changez l'une et vous changerez automatiquement les autres. Le mot «habitude» signifiait à l'origine: habit. Ceci nous donne une idée sur la véritable origine des habitudes. Elles sont littéralement des vêtements acquis par notre personnalité. Elles ne sont pas accidentelles ou dues au hasard. Nous les adoptons parce qu'elles nous *vont bien*. Elles forment un tout avec notre propre Image-de-Soi et le schéma de toute notre personnalité. Quand nous développons consciemment et délibérément de nouvelles et de meilleures habitudes, notre Image-de-Soi tend à abandonner les anciennes et à se développer suivant le nouveau modèle et le nouveau «patron» du vêtement. À 95 %, notre comportement, nos sentiments et nos réponses sont des habitudes.

Ce que nous devons comprendre, c'est que ces habitudes, contrairement aux manies, peuvent être modifiées, changées ou inversées simplement en prenant la peine de prendre une *décision consciente*; et en pratiquant et en agissant selon la nouvelle réponse ou comportement nouveau.

EXERCICE PRATIQUE

Dites-vous, chaque matin: «je commence cette journée de façon nouvelle et meilleure». Ensuite, décidez consciemment pour toute la journée, ce qui suit:
1) Je serai aussi joyeux que possible.
2) J'essaierai de sentir et d'agir un peu plus amicalement envers les autres.
3) Je vais moins critiquer et je serai un peu plus tolérant envers les autres, envers leurs fautes, leurs échecs et leurs erreurs. J'interpréterai de la meilleure manière possible leurs actions.
4) Dans la mesure du possible, je vais agir en pensant: «le succès est inévitable et je suis déjà le genre de personne que je désire être». Je vais agir et sentir *comme* cette nouvelle personne.
5) Je ne laisserai pas ma propre opinion déteindre sur les faits de manière négative et pessimiste.
6) Je vais sourire au moins trois fois par jour.
7) Quoi qu'il arrive, je réagirai aussi calmement et intelligemment que possible.

8) J'ignorerai complètement et je fermerai mon esprit à tous les «faits» négatifs et pessimistes auxquels je ne peux rien changer.

Simple? Oui. Mais chacune de ces méthodes habituelles d'action, de sentiment et de pensée, ont réellement une influence bénéfique et constructive sur votre Image-de-Soi. Appliquez-les pendant 21 jours. «Expérimentez-les», et voyez si l'inquiétude, le sentiment de culpabilité, l'hostilité n'ont pas été atténués et si la confiance ne s'est pas accrue.

Points à se rappeler: (à remplir)
1)
2)
3)
4)
5)

(1) Maladie = mal à dire.
Malaise = mal à l'aise.
Guérir = gai-rire (NDT).

(2) Pensées de Pascal, section II-172. On connaît le vers de Voltaire: «Nous ne vivons jamais, nous attendons de vivre», et La Bruyère dit: «L'on remet à l'avenir son repos et ses joies, à cet âge souvent où les meilleurs biens ont déjà disparu, la santé et la jeunesse» (NDT).

(3) Tous ces désirs avortés ne seraient-ils pas les «regrets éternels», et sur son lit de mort n'en viendrait-on pas à regretter son berçeau?… (NDT).

CHAPITRE VIII

Les éléments de la personnalité à succès: comment les acquérir

J'ai découvert que l'un des moyens les plus efficaces pour aider les gens à trouver une personnalité adéquate ou «de succès» est, avant tout, de leur donner une image précise de la personnalité à succès. Souvenez-vous! le mécanisme interne de guidage créatif est un mécanisme à tête chercheuse, et la première chose pour s'en servir est d'avoir un but clairement défini ou une cible à atteindre.

De nouveaux rôles réclament de nouvelles Images-de-Soi

«Cela n'a pas de sens, dit-il, j'ai travaillé pour cela et j'en ai rêvé. C'est exactement ce que je désirais. Je sais que je peux faire le travail. Et pourtant, j'ignore pour quelle raison, ma confiance en moi est ébranlée.» Il était devenu hypersensible à son apparence, et il pensait que la cause de son malaise pouvait peut-être provenir de son menton en retrait. «Je n'ai pas le profil d'un manager» disait-il. Il songea que la chirurgie plastique pourrait être la réponse à son problème.

Le problème avec ce type d'homme et avec tous ceux qui lui ressemblent, n'est pas dans leur apparence physique mais dans leur Image-de-Soi ou Autoportrait. Ils se trouvent placés dans un nouveau rôle, et ils ne sont pas certains de la personne qu'ils sont supposés «être» pour vivre ce nouveau rôle. Ou alors ils n'ont jamais construit une Image-de-Soi nettement définie, en aucun rôle de leur vie[1].

L'image du succès

Dans ce chapitre je vais vous donner la même «ordonnance» que je vous délivrerais si vous veniez me consulter à mon cabinet.

Je me suis aperçu qu'une image mnémotechnique de la personnalité à succès est contenue dans le mot anglais «success»:

La personnalité à succès est composée de:

S-ens de sa direction
U-nité de communication
C-ourage
C-harité
E-stime-de-Soi
S-ûreté de soi
S-'accepter.

1) SENS DE SA DIRECTION

Nous sommes fait pour conquérir l'environnement, pour résoudre des problèmes, pour remplir des desseins, et nous ne découvrons aucune véritable satisfaction ni aucune joie dans l'existence sans des obstacles à vaincre et des buts à atteindre. Ceux qui disent que la vie ne vaut rien expriment en fait qu'ils n'ont pas eux-mêmes de but personnel qui vaille quelque chose.

Mon ordonnance: Trouvez vous-même un but valable. Mieux encore, établissez vous-même un projet. Décidez ce que *vous désirez* retirer d'une situation. Ayez toujours devant vous quelque chose à travailler, à espérer, à attendre avec plaisir. Regardez en avant et non plus en arrière. En plus de vos visées strictement personnelles, ayez-en au moins une non personnelle, une «cause» à laquelle vous identifier. Trouvez l'intérêt en quelque projet à aider les autres, non dans l'esprit du devoir mais parce que vous le désirez.

2) UNITÉ DE COMMUNICATION

L'unité de communication et la compréhension reposent sur une bonne transmission. Elle est capitale dans tous les systèmes de guidage et les ordinateurs. Vous ne pouvez pas réagir correctement si l'information à laquelle vous donnez suite est défectueuse ou mal interprétée. Beaucoup de médecins croient que la «confusion» est l'élément fondamental de la névrose. Pour traiter efficacement un problème, vous devez posséder une connaissance de sa nature réelle. La plupart de nos échecs dans les relations humaines sont dues à l'«incompréhension».

Les faits contre les opinions

Bien souvent, nous créons de la confusion en ajoutant notre propre opinion aux faits puis en dégageant une conclusion erronée. Le FAIT: un mari tire sur les jointures de ses doigts jusqu'au craquement. OPINION: sa femme en conclut: «il agit ainsi pour m'agacer». L'épouse, cité ci-dessus, étant apte à comprendre que les manières désagréables de son mari ne sont pas volontaires et qu'il ne le fait pas exprès dans le but de l'ennuyer, cessa de réagir *comme si* elle était personnellement visée et insultée; elle devint capable de s'arrêter pour analyser la situation et choisir une réponse correspondante.

Acceptez de voir la vérité

Bertrand RUSSELL dit que l'une des raisons pour laquelle Hitler perdit la Seconde Guerre Mondiale fut qu'il ne comprit pas entièrement la situation. Les porteurs de mauvaises nouvelles étaient punis. Rapidement personne n'osa plus lui dire la vérité. Ne connaissant pas la vérité, il ne pouvait plus agir correctement.

La personnalité à succès non seulement ne triche pas et ne ment pas à autrui, mais elle apprend à être honnête avec elle-même. Ce que nous appelons la «sincérité» est fondée sur la compréhension de soi et l'honnêteté de soi. Car aucun homme ne peut être sincère s'il se ment à lui-même en rationalisant ou en se racontant des «mensonges rationnels».

Mon ordonnance: Regardez et cherchez des informations vraies concernant vous-même, vos problèmes, les autres ou la situation, que ce soit de bonnes nouvelles ou de mauvaises nouvelles. Adoptez la devise: «Ce qui est important, ce n'est pas de savoir qui a raison mais ce qui est vrai». Reconnaissez vos fautes et vos erreurs mais ne pleurez pas sur elles. Corrigez-les et allez de l'avant. Dans vos rapports avec autrui, essayez de voir la situation de leur propre point de vue aussi bien que du vôtre.

3) COURAGE

Il n'est pas suffisant d'avoir un but et de comprendre la situation. Vous devez avoir le courage d'agir, car seules les actions transforment les buts, les désirs et les croyances en des réalités.

La devise personnelle de l'Amiral William F. HALSEY était extraite de Nelson: «Aucun capitaine ne peut être dans l'erreur s'il place son navire le long de celui de l'ennemi». «La meilleure défensive est une forte offensive» est un principe militaire, a dit Halsey, mais ses applications s'étendent au-delà de la guerre.

On a dit que la FOI n'est pas de croire quelque chose en dépit de l'évidence. C'est le COURAGE de faire quelque chose sans tenir compte des conséquences.

Pourquoi ne pas parier sur vous?

Rien en ce monde n'est jamais sûr ou garanti d'une façon absolue. Souvent la différence entre une personne qui réussit et celle qui échoue n'est pas que l'une a de meilleures capacités ni de meilleures idées mais qu'elle a le courage de jeter un pari sur ses idées, de prendre un risque calculé... puis d'agir.

Si vous attendez d'être absolument certain et sûr avant d'entreprendre, vous ne ferez jamais rien du tout. Chaque fois que vous agissez vous pouvez vous tromper. Chaque décision que vous prenez peut tourner à votre désavantage. Mais vous ne devez pas vous laisser détourner du but que vous désirez. Chaque jour, vous devez avoir le courage de risquer de faire des bêtises, d'essuyer un échec, d'être rabaissé. Un pas dans la mauvaise direction est meilleur que de demeurer «aux aguets» toute votre vie.

La foi et le courage sont des «instincts naturels»

Ne vous êtes-vous jamais demandé pourquoi nous avons un désir irrépressible de jouer, et qui semble instinctif dans la nature humaine? Ma théorie personnelle est que cette «poussée» universelle est un instinct qui, lorsqu'il est employé correctement, nous pousse à parier sur nous-même, à provoquer un revirement dans nos potentialités de créativité.

Mon ordonnance: Soyez prêt à faire quelques erreurs, à souffrir un peu pour obtenir ce que vous voulez. Ne vous bradez pas. Vous possédez déjà les ressources. Mais vous ne le saurez pas tant que vous ne passerez pas à l'acte; donnez-leur une chance de travailler pour vous. Vivre quotidiennement requiert aussi du courage; et en s'exerçant au courage avec les petits riens, on développe la puissance et le talent pour agir courageusement dans des situations plus critiques.

4) CHARITÉ

Les personnalités à succès ont de l'intérêt et de l'attention pour les autres gens. Elles ont le respect des problèmes et des besoins d'autrui. Elles respectent la dignité de la personne humaine et se conduisent avec les autres en les considérant comme des êtres humains plutôt que des pions dans leur jeu personnel.

C'est un fait psychologique que nos sentiments envers nous-mêmes ont tendance à «se superposer» aux sentiments que l'on porte envers autrui. L'une des meilleures méthodes connues pour en finir avec le complexe de culpabilité consiste à cesser de condamner les autres en pensée; à ne plus les juger; à arrêter de les blâmer et de les détester pour leurs erreurs. Vous développerez une meilleure et plus efficace Image-de-Soi à partir du moment où vous sentirez que les autres ont plus de valeur que vous ne l'imaginiez auparavant.

Une autre raison pour laquelle la charité envers les autres est une caractéristique des personnalités à succès, c'est qu'elle signifie qu'on est en relation avec la réalité. Tout le monde est important.

Mon ordonnance: L'ordonnance de charité tient en 3 points:

1) Essayez de développer une appréciation authentique envers les autres en découvrant la vérité à leur sujet; ils sont des personnalités uniques, des êtres créateurs.

2) Prenez le temps de vous intéresser aux opinions des autres, à leurs points de vue, à leurs désirs et besoins. Pensez plus à ce que vos amis désirent et comment ils doivent se sentir.

3) Agissez comme si les autres étaient importants et traitez-les en conséquence. Dans ce traitement ayez de l'attention pour leur sensibilité car nous avons tendance à ressentir les objets selon la façon dont nous les traitons.

5) ESTIME-DE-SOI

De tous les pièges de la vie, la *non-estime* de soi est le plus mortel et le plus dur à vaincre; car c'est un traquenard construit et creusé de nos propres mains et qui se résume entièrement dans la phrase: «Ça ne sert à rien! — Je ne peux pas le faire».

Nous devons simplement nous «mettre dans la tête» que d'avoir une piètre opinion de soi n'est pas une vertu mais un vice. La jalousie, par exemple, le fléau de maints mariages, est presque toujours engendrée par le doute de soi. L'individu qui a une juste estime de soi ne se sent pas hostile envers les autres, ne cherche rien à prouver, voit les événements plus clairement et n'est pas toujours en train de réclamer son dû aux autres.

Mon ordonnance: Cessez de traîner autour de vous votre image mentale d'une personne défaitiste, sans valeur. Cessez de dramatiser en vous prenant pour un objet de pitié et d'injustice. Employez les exercices pratiques de ce livre pour construire une Image-de-Soi efficace.

Le mot «estime» signifie littéralement déterminer la valeur. Ne rabaissez pas le «produit», simplement parce que vous l'avez mal employé. N'allez pas blâmer, d'une manière infantile, le produit pour vos propres erreurs à la façon d'un écolier qui dirait: «Cette machine à écrire ne sait pas parler!»

Mais le plus grand des secrets de l'estime de soi est le suivant: commencez à apprécier davantage les autres; montrez du respect pour *n'importe* quel être humain. Prenez le temps de réfléchir dans vos rapports avec autrui.

6) SÛRETÉ DE SOI

La sûreté de soi se bâtit sur des expériences de succès. Quand nous entreprenons quoi que ce soit pour la première fois, il est probable que nous avons peu de confiance car l'expérience ne nous a pas encore enseigné que nous pouvons réussir. C'est vrai pour apprendre à conduire une bicyclette, à parler en public ou pour une opération chirurgicale. Il est vrai, au sens littéral, que le succès nourrit le succès. Même le plus petit succès peut être la première marche vers un succès plus grand. Les entraîneurs de boxeurs sont très pointilleux pour mener leurs poulains au combat avec précaution afin qu'ils aient une progression d'expériences réussies. Nous pouvons employer la même méthode, commencer progressivement et expérimenter le succès d'abord sur une petite échelle.

Une autre technique importante est de s'habituer à se souvenir de succès passés et à oublier les échecs. C'est de cette façon qu'un ordinateur, et également le cerveau humain, sont supposés fonctionner. La pratique développe l'habileté et le succès quelque soit le domaine.

Hélas, que font la plupart d'entre nous? Nous nous souvenons des échecs, mais de plus, ceux-ci laissent leur empreinte dans notre mental à travers l'émotion. Nous nous condamnons. Nous nous écorchons avec la honte et le remords (les deux étant des émotions égoïstes et centrées sur soi). Et la sûreté en soi disparaît.

Mon ordonnance: Servez-vous de vos erreurs et de vos fautes comme d'une voie d'apprentissage... puis effacez-les de votre pensée. Souvenez-vous et représentez-vous à bon escient vos succès passés. Tout le monde a réussi *quelquefois quelque chose*. Spécialement, en commençant un nouveau travail, rappelez-vous les *sentiments* que vous avez expérimentés dans quelque succès passé, si petit soit-il.

7) S'ACCEPTER

La réussite, donnée par le fait de s'accepter s'éloigne souvent de ceux qui s'efforcent et se fatiguent à «être quelqu'un»; elle vient, la plupart du temps, de son propre gré lorsqu'on commence à vouloir se relaxer en s'acceptant simplement «Soi-même».

Changer votre Image-de-Soi ne veut pas dire changer ou développer votre *ego*, mais changer votre propre *image mentale*, votre propre estimation, conception et réalisation de cet égo.

La plupart d'entre nous sommes meilleurs, plus capables, plus forts et plus compétents — dès maintenant — que nous ne le réalisons. En créant une Image-de-Soi meilleure, on ne *créé* pas de nouvelles capacités, talents, ou pouvoirs; on les libère et on les fait fructifier.

Nous pouvons changer notre personnalité mais non notre moi de base. La personnalité est un outil, une porte ouverte, un point de rencontre du «moi» que nous mettons en oeuvre dans les relations avec le monde. C'est la somme totale de nos habitudes, attitudes, habileté acquise, que nous employons comme une *méthode* pour nous exprimer.

«Vous» n'êtes pas vos erreurs

L'acceptation de soi signifie nous accepter et arriver à une entente avec nous-mêmes tel que nous sommes, avec nos fautes, nos faiblesses, nos imperfections, nos erreurs, aussi bien qu'avec notre valeur et notre puissance. S'accepter est plus facile, malgré tout, si nous nous rendons compte que ces traits négatifs nous *appartiennent*... mais qu'*ils ne sont pas nous*. Vous pouvez avoir fait une erreur, mais cela ne signifie pas que vous *êtes* une erreur. Vous pouvez très bien ne pas vous exprimer correctement et pleinement, mais cela ne signifie pas que vous, vous n'êtes pas «bon».

Avant de pouvoir les rectifier, nous devons reconnaître nos erreurs et nos imperfections.

Le premier pas vers la connaissance est l'identification des domaines dans lesquels vous êtes ignorant. Le premier pas pour devenir plus fort est de reconnaître que vous êtes faible[2].

Notre Moi Vécu ne pourra jamais épuiser ou actualiser toutes les possibilités et tous les pouvoirs de notre Vrai Moi[3]. Nous pouvons toujours apprendre plus, faire mieux, devenir meilleur. Le Moi Vécu est nécessairement imparfait. Durant la vie entière, il est toujours en marche et tend vers un but idéal sans jamais l'atteindre[4]. Le Moi Vécu n'est pas un objet statique mais une dynamique. Il n'est jamais achevé mais toujours en état de croissance.

Mon ordonnance: Commencez à vous accepter tel que vous êtes. Ne vous haïssez pas parce que vous n'êtes pas parfait; vous n'êtes pas le seul; personne ne l'est, de toute façon, ceux qui le prétendent se mentent à eux-mêmes.

Dès maintenant vous êtes «quelqu'un»

Cette recherche d'identité, ce désir de se sentir protégé, cette poussée à être «quelqu'un» est un phénomène universel, mais nous faisons une erreur si nous cherchons sa réalisation dans le conformisme, dans l'approbation d'autrui, ou dans des objets matériels.

Acceptez-vous. Soyez vous-même. Vous ne pourrez pas réaliser les potentialités et les possibilités contenues dans cette chose unique et spéciale qui est «VOUS» si vous lui tournez constamment le dos, si vous en avez honte, si vous le haïssez, si vous refusez de le reconnaître.

Points à se rappeler: (à remplir)
1)
2)
3)
4)
5)
6)
7)

(1) Ce sont souvent des victimes du complexe de Polycrate qui échouent dans le succès par culpabilité à dépasser le Père. Une nouvelle Image-de-Soi plus ouverte sur autrui leur évitera d'annuler le succès (NDT).

(2) En bio-énergie, si on veut se «recharger» il faut d'abord se décharger. Crier comme un enfant permet d'évacuer les tensions, car comment pourrait-on remplir une bouteille si on ne commence pas par la vider. La vie commence par un cri et s'achève par un soupir, un râle; chaque nouveau cri relance notre potentiel de vie (NDT).

(3) Au sujet de l'antagonisme entre la potentialité et l'actualisation, je recommande au lecteur les remarquables ouvrages de Stéphane Lupasco (NDT).

(4) Telle l'étoile du navigateur, que ce dernier n'atteindra jamais mais qui, néanmoins, lui sert d'indicateur de conduite durant son voyage (NDT).

CHAPITRE IX

Le mécanisme d'échec:
Comment le faire travailler pour vous
au lieu de contre vous

Le corps humain a ses propres «feux rouges» et ses panneaux indicateurs de danger, que la médecine appelle des symptômes ou des syndromes.

La «personnalité à échecs» a aussi ses symptômes. Nous avons besoin d'être capable de reconnaître en nous-même ces symptômes d'échecs et ainsi pourrons-nous y faire quelque chose. Quand nons avons appris à détecter certains traits de personnalité comme des panneaux indicateurs d'échec, ces symptômes agissent alors automatiquement comme des «rétroactions négatives» et nous aident à nous diriger sur la route d'un accomplissement créatif.

L'image de l'échec

J'ai remarqué de nouveau que les patients se souviennent de ces signaux de feedback négatifs, ou ce que j'appelle le «Mécanisme d'Echec», lorsqu'ils les associent avec les lettres qui forment le mot anglais «Failure» ou échec en français. Ce sont:

F-rustration
A-gressivité
I-nsécurité
L-oin des autres
U-tiliser l'irrésolution... comme solution
R-ancoeur
E-vidé, vide

La compréhension amène la guérison

Personne ne déciderait de s'installer délibérément avec préméditation pour développer ces traits négatifs, par pure nervosité. Ces traits n'arrivent pas tout seuls. Ils ont une *signification* et un *but*, quoiqu'ils reposent sur une prémisse fausse. Ils constituent notre «façon de vivre». Souvenez-vous, l'une des plus fortes poussées de pulsion de la nature humaine est de réagir efficacement. Nous pouvons guérir ces symptômes d'échec, non par la volonté de puissance, mais par la compréhension, en nous rendant compte qu'ils n'agissent pas et qu'ils sont inefficaces. La vérité peut nous en affranchir et quand nous pouvons voir la vérité, alors la même force instinctive qui nous pousse à les adopter à l'origine, va travailler à notre compte pour les éliminer.

1) FRUSTRATION

La frustration est un sentiment qui se développe soit lorsqu'un but important ne peut être réalisé, ou quand un désir puissant est contrecarré. Chacun de nous souffre nécessairement de frustrations par le simple fait d'être un être humain et partant d'être imparfait, incomplet et inachevé. À mesure que nous mûrissons nous devons apprendre que tous les désirs ne peuvent être immédiatement satisfaits. Nous découvrons également que nos actions ne sont jamais aussi parfaites que nos intentions.

La frustration chronique signifie habituellement que les buts que nous nous sommes fixés sont irréalisables ou que l'image de nous-même est inefficace, ou encore les deux à la fois.

Buts réalistes contre hyper-perfectionnisme

Pour ses amis, Jim S. était un homme à qui tout réussit. Il s'était élevé du stade de magasinier au siège de vice-président de sa compagnie. Son score au golf était impeccable. Il avait une femme charmante et deux enfants qui l'adoraient. Mais néanmoins il se sentait frustré d'une façon chronique parce qu'uncune de ses réalisations ne pouvait se comparer à ses projets irréalisables. Il n'était parfait en rien de particulier mais il *aurait dû* l'être. Il *aurait dû* être le président maintenant. Il *aurait dû* être un mari et un père parfait afin que sa femme ne puisse jamais trouver à redire, et afin que ses enfants ne puissent jamais se conduire mal.

L'accomplissement de sa propre prophétie rendait l'échec certain

Harry N. était différent. Il n'avait acquis aucun des signes extérieurs du succès. Pourtant, il avait eu plusieurs occasions qu'il avait toutes ratées. À trois reprises, il avait été sur le point d'obtenir le métier qu'il désirait, et chaque fois «il était arrivé quelque chose»; ce quelque chose qui l'abattait toujours juste au moment où le succès semblait le prendre par la main. Par deux fois, il avait été malheureux en amour. Il sentait qu'il n'était pas le genre d'individu qui réussit, et s'arrangea toujours pour faire quelque chose qui donne raison à cette prophétie.

La frustration, comme méthode pour résoudre les problèmes, ne mènent à rien

Les sentiments de frustration, de mécontentement, d'insatisfaction sont des *voies* pour résoudre les problèmes, que nous avons «apprises» étant petits enfants. Tout ce qu'ils ont à faire, c'est de se *sentir* frustrés, mécontents, et le problème sera résolu. Cette manière de vivre est efficace pour le bébé et pour quelques petits enfants. Elle *ne mène à rien* dans la vie adulte.

Jim S., inconsciemment, avait l'habitude d'employer cette technique infantile dans l'espoir que quelque bon génie lui apporterait la perfection qu'il désirait ardemment. Harry N. avait tellement «pratiqué» le sentiment de la frustration et de la défaite que le sentiment de la défaite devint comme une seconde habitude. Il le projetait dans le futur et s'attendait à l'échec. Ses sentiments habituels de défaite «l'aidèrent» à se créer une image d'une personne défaitiste. Les pensées et les sentiments vont ensemble. Les sentiments sont le sol sur lequel poussent les pensées et les idées[1]. C'est la raison pour laquelle, tout au long de ce livre, je vous ai recommandé d'imaginer comment vous vous *sentiriez* si vous réussissiez…et puis de sentir cet état dès maintenant.

2) AGRESSIVITÉ

Une agressivité excessive et mal dirigée suit la frustration comme la nuit suit le jour. Ceci a été prouvé par un groupe de chercheurs de Yale, il y a quelques années, et rapporté dans leur ouvrage: «Frustration et Agressivité» (John Dollard et al.).

En elle-même l'agressivité n'est pas un modèle de comportement anormal ainsi que certains psychiatres ont pu le penser. L'agressivité et la pression des émotions sont souvent nécessaires pour atteindre un but. Nous devons aller vers ce que nous désirons d'un pas agressif plutôt qu'avec une démarche défensive ou de tentative. Nous devons empoigner agressivement les problèmes. L'ouvrier qui veut envoyer un coup de poing dans le nez de son patron mais n'ose pas, rentre à la maison et gifle sa femme, ses enfants ou le chat. Ou il peut retourner son agressivité contre lui-même comme certains scorpions d'Amérique du Sud qui se piquent et meurent de leur propre poison lorsqu'ils sont en colère.

Ne frappez pas aveuglément — concentrez votre tir

La personnalité d'échec ne dirige pas son agressivité vers l'accomplissement d'un projet valable. À la place elle l'emploie dans des voies d'auto-destruction tels que des ulcères, hypertension artérielle, ennuis ou à fumer exagérément, à être obsédé par le travail; ou elle peut être dirigée contre d'autres personnes sous la forme d'irritabilité, dureté, de commérage, d'agacement, de critique.

La solution à l'agression n'est pas de la supprimer mais de la comprendre, et de lui fournir des canaux appropriés et adéquats pour s'exprimer. Le Dr. Konrad LORENTZ, médecin viennois réputé et éthologiste, a dit aux psychiatres du Centre de Psychothérapie de New York, que l'observation durant de nombreuses années du comportement animal, a montré que le comportement agressif est fondamental et naturel, et qu'un animal ne peut sentir ou exprimer de l'affection tant que les moyens ne lui sont pas fournis pour exprimer de l'agression. Ces découvertes indiquent, dit-il, que donner une voie de sortie appropriée pour l'agression est aussi important, si ce n'est plus, que d'en donner une pour l'amour et la tendresse.

La connaissance procure le pouvoir

De comprendre simplement le mécanisme à l'oeuvre dans l'agressivité aide l'individu à maîtriser le cycle agression-frustration. L'agression mal dirigée est une tentative pour atteindre *une* cible (le but originel), en tirant au hasard cela ne *marche* pas. On ne résout pas un problème en créant d'autres problèmes. Si vous avez envie de gifler quelqu'un, arrêtez et demandez-vous: «Est-ce ma simple frustration qui veut agir? Qu'est-ce qui m'a frustré?» Quand vous voyez que votre réponse est inadéquate, vous avez déjà fait un grand pas vers sa maîtrise. Un petit truc: la prochaine fois que quelqu'un vous provoque en voiture, essayez ceci: au lieu de devenir agressif et de vous faire du mal, dites-vous: «Ce pauvre homme n'a rien contre moi personnellement. Peut-être que sa femme a mal fait son café ce matin, ou qu'il ne peut pas payer son loyer, ou que son patron lui en veut.»

Valves de sécurité pour relâcher la pression des émotions

Lorsque vous êtes bloqué pour réaliser un projet important, vous ressemblez un peu à une locomotive à vapeur sous pression qui ne va nulle part. Votre excès de pression émotionnelle a besoin d'une valve de sécurité. Tous les exercices physiques sont excellents pour draîner à l'extérieur cette agressivité.

Un autre bon moyen est d'écrire pour disperser votre spleen. Rédigez une lettre à la personne qui vous a frustré ou mis en colère. Enlevez toutes les barrières. Ne laissez rien en suspens. *Puis brûlez la lettre.*

Le meilleur moyen de canaliser l'agression est de l'épuiser selon son destin: à travailler pour réaliser un projet. Le travail demeure l'une des meilleures thérapies — ou ergothérapies — et l'un des meilleurs tranquilisants pour un esprit tourmenté.

3) INSÉCURITÉ

Le sentiment d'insécurité est fondé sur le concept ou la croyance d'une inefficacité intérieure. Si vous sentez que vous n'êtes pas à la «hauteur» de ce qui vous est demandé, vous vous sentez insécurisé. Une grande proportion d'insécurité n'est pas due au fait que nos ressources intérieures sont réellement insuffisantes, mais au fait que nous les mesurons avec de mauvaises références. Nous comparons nos capacités réelles à un moi imaginaire, idéal, parfait ou absolu. Se penser en termes d'absolu entraîne l'insécurité. La personne insécurisée sent qu'elle devrait être «bonne» instantanément. Elle devrait «réussir»... sans délai. Elle devrait être «heureuse», compétente, équilibrée... sans délai. Tous ces buts sont respectables. Mais ils devraient être conçus, au moins dans leur sens absolu, comme des buts à atteindre, à achever plutôt que des devoirs immédiats.

Gardez les pieds sur terre

Essayer de demeurer tout en haut d'un pinacle, *voici* ce que c'est que l'insécurité. Mentalement, descendez du haut de votre cheval et vous vous sentirez plus en sécurité.

L'attitude mentale qui engendre l'insécurité est une «voie». C'est une voie qui substitue la simulation et la prétention à la réalité. C'est la voie pour prouver sa supériorité, aux autres et à soi-même. Mais c'est la défaite de soi. Si l'on est parfait et supérieur *dès maintenant*... alors il ne reste plus aucune nécessité de se battre, de s'agripper à la vie, et d'essayer quoi que ce soit. En fait si les autres s'aperçoivent qu'on lutte très durement, ils peuvent en déduire que l'on n'est pas supérieur... aussi on «n'essaie pas». On perd son combat... sa Volonté de Vaincre.

4) LOIN DES AUTRES

Chacun de nous est seul de temps en temps. D'ailleurs c'est un tribut naturel que nous payons pour être un individu humain. Mais c'est le sentiment «loin des autres» de solitude extrême — être coupé et séparé des autres — qui est un symptôme de mécanisme d'échec.

Ce genre de solitude est causé par une aliénation de la vie. C'est la solitude de votre vrai moi, et la personne séparée de ce dernier s'est coupée elle-même du «contact» fondamental et naturel avec la vie. La personne seule s'installe souvent dans un cercle vicieux. À cause de son sentiment de rupture avec son moi, ses contacts humains ne sont pas très satisfaisants, et elle devient une recluse de la société. Et ainsi, elle se coupe de nouveau de l'un des moyens de se retrouver, qui serait de «s'absorber» dans des activités sociales avec les autres. De réaliser et de se divertir en compagnie nous aide à nous oublier.

Être «loin des autres» est une voie stérile

La solitude est un moyen d'auto-protection. Les lignes de communication avec autrui — et en particulier tous les liens émotionnels — sont rompus. Se mettre loin des autres est une «voie» pour protéger notre moi idéalisé contre toute incursion du dehors, des coups, de l'humiliation. La personne solitaire a *peur* des autres. La personne solitaire se plaint souvent qu'elle n'a pas d'amis et qu'il n'y a nul être avec qui aller. Dans la plupart des cas et à cause de son attitude passive, elle s'arrange inconsciemment pour que les choses se passent ainsi; pour que ce soit les autres qui viennent à elle; qu'ils fassent le premier pas pour la distraire. Cette personne loin des autres n'a jamais l'idée qu'elle devrait contribuer d'une façon ou d'une autre aux situations rencontrées dans la société.

5) UTILISER L'IRRÉSOLUTION... COMME SOLUTION[2]

Elbert HUBBARD a dit: «La plus grande erreur que l'on puisse faire est d'avoir peur d'en faire une.»

Être irrésolu est une «solution» pour éviter les erreurs et les responsabilités. Cela repose sur la prémisse fallacieuse que si une décision n'est pas prise, rien de mauvais ne peut arriver. Pour une personne qui prétend se considérer comme quelqu'un de parfait, être dans l'erreur cache des horreurs innommables. Elle ne fait jamais de bêtises et elle est toujours parfaite en tout! Si son idée de perfection venait à être reconnue comme fausse, toute la puissance de son moi s'écroulerait. Toute prise de décision devient une question de vie ou de mort.

Une «solution» est d'éviter les décisions le plus possible et de les retarder le plus longtemps possible. Une autre «solution» est d'avoir un bouc émissaire sous la main pour le blâmer. Ce genre d'individu prend des décisions; mais il les prend avec précipitation, prématurément et il se crée une réputation de faire les choses à moitié. Prendre des décisions ne lui pose aucun problème. Il est parfait. Il lui est impossible de se tromper. Donc, pourquoi tenir compte des faits ou des conséquences? Il est capable de maintenir cette friction lors même que ses décisions s'avèrent fausses, simplement en étant convaincu que c'est la faute de quelqu'un d'autre. Il est facile de voir pourquoi ces deux «solutions» mènent à l'échec.

Seules les petites personnalités ne font jamais d'erreurs

Un autre moyen pour aider à vaincre l'irrésolution est de réaliser le rôle important joué dans l'indécision par l'estime de soi et la protection de cette estime de soi. Beaucoup de gens sont indécis car ils ont peur de perdre leur estime de soi s'il est prouvé qu'ils sont dans l'erreur. Usez de l'estime de soi pour vous-même, et non contre vous, en étant convaincu de la vérité suivante: les grands hommes et les hautes personnalités font des bêtises et les admettent. Il n'y a que le «petit homme» qui a peur d'admettre qu'il fait des bêtises.

«Aucun homme n,est jamais devenu grand ou bon si ce n'est à travers de nombreuses et importantes erreurs» a dit GLADSTONE.

6) RANCOEUR

Quand la personnalité à échec cherche un bouc émissaire ou une excuse pour son échec, elle accuse souvent la société, «le système», la vie, les «blocages». Elle éprouve de la rancoeur envers le succès et le bonheur d'autrui car c'est la preuve pour elle que la vie la laisse de côté et la traite injustement. La rancoeur est une tentative pour nous délecter de nos propres échecs en les expliquant en termes de malchance et d'injustice. Mais, comme la pommade sur une fracture, la rancoeur est une thérapeutique pire que la maladie.

La rancoeur est une «voie» vouée à l'échec

La rancoeur est également une «voie» pour se sentir important. Nombreuses sont les personnes chez qui le sentiment d'être lésé entretient une satisfaction perverse. La victime de l'injustice, celle qui est défavorisée, est moralement supérieure à celles-la mêmes qui causèrent l'injustice!

La rancoeur est aussi une «voie», ou une tentative, pour effacer une erreur imaginaire ou réelle, ou une injustice déjà advenue. La personne rancunière essaie de «défendre son cas» devant le Tribunal de la Vie, si on peut dire. Si elle peut se sentir suffisamment rancunière, et donc «prouver» l'injustice, quelque phénomène magique va la récompenser en «supprimant» l'événement ou les circonstances qui créèrent la rancoeur. En ce sens, la rancoeur est une résistance mentale à ne pas accepter ce qui a déjà vécu. Le mot rancoeur vient des deux mots: rance et coeur. La rancoeur est une émotion «réchauffée» ou un combat rejoué d'un événement du passé. Vous ne pouvez pas gagner, car vous tentez l'impossible: changer le passé. De plus, les habitudes émotionnelles de rancoeur et de pitié de soi accompagnent une Image-de-Soi inefficace et d'infériorité. On commence par s'imaginer comme une personne pitoyable, une victime destinée à être malheureuse.

La vraie cause de la rancoeur

Souvenez-vous que votre rancoeur n'est pas créée par les autres personnes, les événements ou les circonstances. Elle est créée par votre propre réponse émotionnelle: votre réaction personnelle. Vous seul avez pouvoir sur elle et vous pouvez la maîtriser si vous êtes fermement convaincu que la rancoeur et l'apitoiement ne sont pas des voies vers le bonheur et la réussite, mais des voies vers la défaite et le malheur.

Tant que vous entretenez la rancoeur, il vous est littéralement impossible de vous imaginer comme une personne indépendante, autonome, déterminée, qui serait «le Capitaine de son âme, le maître de son Destin». L'individu rancunier abandonne la bride à autrui et lui permet de lui dicter comment il doit sentir, comment il doit agir. Il devient totalement dépendant, fait des demandes insensées aux autres et estime que le monde lui «doit» une éternelle gratitude, des félicitations perpétuelles ou une reconnaissance continuelle de votre haute valeur.

La rancoeur est naturellement incompatible avec une recherche créative. Vous êtes responsable de votre succès et de votre bonheur. La rancoeur ne s'ajuste pas à cette vision des choses et pour cette raison, elle est un mécanisme d'échec.

7) ÉVIDÉ, VIDE

Peut-être qu'en lisant ce livre avez-vous songé à quelqu'un qui a «réussi» malgré la frustration, une agressivité mal dirigée, de la rancoeur, etc. Mais n'en soyez pas si sûr. Beaucoup acquièrent les signes extérieurs du succès mais lorsqu'ils s'apprêtent à ouvrir le coffre aux trésors si longtemps convoité, ils le trouvent vide ou inutile. Ces personnages ont gagné la noix du cocotier du succès mais quand ils l'ouvrent, elle a été évidée.

Un être qui a la faculté de jouir trouvera toujours le plaisir dans les choses de la vie les plus ordinaires et les plus simples. Il se sent heureux quelle que soit la réussite matérielle à laquelle il est parvenu[3].

La vie devient valable quand on se donne des buts valables

«Être évidé ou vide» est le symptôme d'une vie manquant de création. Soit que vous n'ayez pas de but important, soit que vous n'employiez pas vos talents et vos efforts à poursuivre un but important. C'est la personne qui n'a pas de but personnel qui conclut d'un air pessimiste «La vie n'a pas de sens». L'individu *engagé activement* dans un combat, ou cherchant à atteindre un but important, ne s'occupe pas des philosophies pessimistes relatives à l'insignifiance ou à la vanité de la vie.

Être vide n'est pas une «voie» pour gagner

Le mécanisme d'échec est un mouvement qui s'entretient tout seul, jusqu'à ce que nous pénétrions dans le cercle vicieux pour le briser. Être vide ou inutile une fois qu'on y a goûté, peut devenir une «voie» pour éviter l'effort, le travail et les responsabilités. Cela devient une excuse ou une justification pour avoir une vie non créatrice. Si tout n'est que vanité, s'il n'y a rien de nouveau sous le soleil, si nul part il n'y a de bonheur à trouver... alors pourquoi se tracasser?

Pourquoi essayer? Tous ces «raisonnements» intellectuels disparaissent quand nous expérimentons la joie et la satisfaction et à partir du moment où nous nous donnons un projet excitant... et que nous le poursuivons.

Être vide et avoir une Image-de-Soi inappropriée vont de pair

Être vide peut également correspondre au symptôme d'une Image-de-Soi inadéquate. Il est impossible d'accepter psychiquement quelque chose que l'on sent ne pas nous appartenir; ou qui est en désaccord avec notre moi. En conservant une Image-de-Soi sans valeur et inacceptable, on peut cependant être capable de mettre en échec ses tendances négatives juste le temps de réaliser un succès véritable; mais ensuite on sera incapable de l'accepter psychiquement et d'en jouir. On peut même aller jusqu'à se sentir coupable d'avoir réussi, comme si on avait volé son succès. Au fond de lui-même, ce personnage continue à se sentir inférieur, sans mérite; à la limite il se prendrait pour un imposteur qui aurait volé sa «position sociale» dont il pensait qu'elle représentait tout. «Si mes amis et mes collègues savaient que je ne suis qu'un minable!» pense-t-il tout bas.

La vraie réussite ne fait de mal à personne. Poursuivre des buts qui sont importants pour vous, non en leur qualité de symbole social, mais parce qu'ils sont en harmonie avec vos désirs profonds, est une chose saine. Poursuivre le vrai succès — pour *votre* succès — à travers un accomplissement créatif, procure une profonde satisfaction intérieure. Poursuivre un but fallacieux pour plaire aux autres amène une satisfaction factice.

Comment employer la pensée négative

Nous devons être à l'écoute du négatif pour pouvoir en tirer parti:

1° nous sommes sensibles au négatif qui nous prévient du danger;

2° nous reconnaissons le négatif pour ce qu'il est: quelque chose d'indésirable, quelque chose que nous ne voulons pas, quelque chose qui ne peut procurer qu'un plaisir mitigé;

3° nous faisons immédiatement une action de correction et y substituons un facteur positif inverse émanant de notre Mécanisme de Succès.

Une telle attitude créera avec le temps une sorte de réflexe automatique qui deviendra un élément de notre système interne de guidage. La rétro-action négative aura fonctionné comme un contrôle automatique pour nous aider «à y voir clair» dans les erreurs et pour nous guider vers le succès.

Points à se rappeler (à remplir):
1)
2)
3)
4)
5)
6)
7)

(1) La plupart du temps, le sentiment et les désirs se nourrissent de notre vie, pouvant nous mener jusqu'à l'obsession et nous rendre aveugle à la vie. La Psychocybernétique propose sa méthode pour que le désir redevienne le fondement de l'action (NDT).

(2) Le traducteur prend la liberté de dédier ce paragraphe à l'Administration étatisée!... (NDT).

(3) «Un homme intérieurement vain attire à lui les plaisirs du divertissement et au milieu d'eux, doit connaître la souffrance (...) On a laissé échapper le gouvernail de sa propre vie et ce qu'il adviendra de nous dépend désormais du hasard et des influences extérieures.» Yi King ou Livre des Transformations (NDT).

CHAPITRE X

Comment supprimer
les cicatrices émotionnelles[1]

Quand vous subissez une blessure physique, telle une coupure sur le visage, votre corps produit du tissu cicatriciel qui est à la fois plus dur et plus épais que la chair d'origine. Le but de ce tissu cicatriciel est de former une couverture protectrice ou une coquille; c'est la façon dont la nature nous protège contre toute autre blessure.

Nous avons tendance à faire à peu près la même chose chaque fois que nous recevons une blessure émotionnelle, quand quelqu'un nous «blesse», ou nous irrite. Nous formons des «cicatrices» psychiques ou émotionnelles d'auto-défense. Nous sommes très enclin à nous durcir le coeur, à développer des callosités envers le monde, et à nous retirer dans une coquille de protection.

Comment les cicatrices émotionnelles vous coupent de la vie

Nombreuses sont les personnes qui ont des cicatrices émotionnelles internes sans jamais avoir souffert de plaies physiques. Le résultat sur la personnalité est exactement le même. Ces personnes ont été blessées ou déchirées par quelqu'un dans le passé. Pour se garder des atteintes futures *venant de cette source*, ils forment une callosité psychique, une cicatrice émotionnelle pour protéger leur moi. Ce tissu cicatriciel, cependant, ne les «protège» pas seulement de l'individu qui les a heurtées en premier; il les «protège» de tous les autres êtres humains. Un mur émotionnel est bâti au travers duquel ni l'ami ni l'ennemi ne peut passer[2]. Il nous coupe de tous les autres êtres humains, et de notre vrai moi. Ainsi que nous l'avons souligné précédemment, la personne qui se sent «solitaire» ou sans contact avec autrui, se sent aussi sans contact avec son vrai moi et avec la vie.

Les cicatrices émotionnelles créent une Image-de-Soi laide et déformée

Les cicatrices émotionnelles ont également un autre effet négatif sur notre moi. Elles conduisent à une Image-de-Soi déformée et balafrée; au portrait d'une personne mal aimée et rejetée par autrui; à la figure d'une personne qui n'arrive pas à s'accorder avec les autres dans son milieu.

Les cicatrices émotionnelles vous empêchent d'avoir une vie créatrice ou d'être ce que le Dr Arthur W. COMBS appelle «un individu accompli». Il précise: «cet accomplissement n'est pas donné à la naissance mais il doit être réalisé». Les individus accomplis possèdent les caractéristiques suivantes:

1) Ils se représentent aimés, désirés, acceptables et capables.
2) Ils possèdent à un haut degré l'acceptation de soi, tels qu'ils sont.
3) Ils ont le sentiment d'unité avec les autres.
4) Ils ont un capital important d'informations et de connaissances.

La personne qui a des cicatrices émotionnelles a non seulement une Image-de-Soi indésirable, détestable et d'inutilité, mais de plus l'image du monde qu'elle perçoit est celle d'un lieu hostile. Son rapport essentiel avec le monde est un rapport d'affrontement, et ses relations avec autrui ne sont pas axées sur le don, l'acceptation, la coopération, le travail et la joie en commun, mais basées sur des concepts de domination, de lutte et de protection. Cette personne ne peut être charitable ni envers autrui ni envers elle-même. Frustration, agressivité et solitude sont le tribut qu'elle paye.

Trois règles pour vous immuniser contre les blessures émotionnelles

1) DEVENEZ TROP FORT POUR VOUS SENTIR MENACÉ

Nombreuses sont les personnes qui sont terriblement «blessées» par de minuscules tracasseries ou par ce qu'on appelle le manque d'égards. C'est l'individu qui se sent desservi, qui doute de ses propres capacités et qui a une piètre opinion de lui-même qui sera vexé à la moindre remarque. C'est que secrètement il doute de sa valeur, il sent une insécurité, il voit des menaces à son moi là où il n'y a rien, il exagère et surestime le dommage potentiel des agressions réelles.

Nous avons tous besoin d'une certaine quantité de dureté et de sécurité émotionnelle pour protéger notre moi des périls réels et imaginaires. Nous avons besoin d'avoir une bonne estime de soi, d'acquérir une Image-de-Soi meilleure et plus adéquate pour ne plus se sentir agressées par les réflexions faites au hasard ou les gestes anodins. Un homme fort ne se soucie pas d'un danger mineur, un petit homme le sent comme une menace. De la même façon, un moi solide en bonne santé, plein d'estime de soi, ne se sent pas provoqué par chaque remarque innocente.

Une Image-de-Soi en bonne santé ne se laisse pas froisser facilement

La personne dont le mérite est blessé par la moindre remarque possède un moi faible et une petite quantité d'estime de soi. Elle est «centrée» sur elle-même, toujours en cause et concernée, difficile à vivre; bref elle est ce qu'on appelle une personne «égoïste». Mais on ne soigne pas un malade ou un moi faible en tapant dessus, en le sapant, ou en le rendant encore plus faible par l'«abnégation de soi» ou en essayant de «perdre son égo». L'estime de soi est aussi nécessaire à l'esprit que la nourriture l'est au corps. Et il est même probable que les blessures morales profondes guériront plus vite et mieux, sans écorchure putride qui empoisonne la vie et gâte tout bonheur.

2) UNE ATTITUDE INDÉPENDANTE ET RESPONSABLE VOUS RENDRA MOINS VULNÉRABLE

Un représentant me disait que le client qui apparemment commence par montrer le plus de résistances est fréquemment un client «facile» une fois que vous avez passé ses défenses; également les gens qui ont l'habitude de signaler «les démarcheurs ne sont pas admis» agissent ainsi car ils savent qu'ils sont des natures faibles et sans protection.

La personne qui a peu ou pas d'indépendance, qui se sent émotionnellement dépendante des autres, se rend plus vulnérable aux blessures émotives. Tout être humain désire et a besoin d'amour et d'affection. Mais l'individu créatif, autonome sent aussi un besoin de *donner de l'amour*. Sa force est plus ou moins autant dans le donner que dans le recevoir. Il n'a pas non plus ce besoin obsessionnel que «tout le monde» doit l'aimer et l'approuver. Il a suffisamment de sécurité en soi pour tolérer le fait qu'un certain nombre de gens ne l'aiment pas et le désapprouvent. Il ressent quelque responsabilité pour sa vie et se conçoit d'abord comme quelqu'un qui agit, choisit, donne et va après ce qu'il désire... au lieu d'être un récipient passif de toutes les bonnes choses de la vie.

Développez une attitude de plus grande indépendance. Assumez la responsabilité de votre vie et de votre affectivité. Essayez de *donner* à autrui de l'affection, de l'amour, de l'approbation, de l'acceptation, de la compréhension, et vous découvrirez que ces bienfaits vous reviennent comme en une sorte d'action réflexe.

3) ÉVITEZ LES BLESSURES ÉMOTIONNELLES

Avez-vous remarqué combien il est facile d'avoir ses sentiments blessés, ou de se vexer, lorsqu'on souffre de tensions suscitées par la frustration, la peur, la colère ou la dépression?

La relaxation amortit les coups des émotions

Quand nous nous sentons «blessé» ou «offensé», le *sentiment* éprouvé est entièrement dépendant de notre réponse. En fait, le sentiment (avec tout ce qui gravite autour) *est* notre réponse.

Nous devons nous préoccuper de notre propre réponse et non pas de celle des autres. Nous pouvons nous raidir, devenir coléreux, anxieux, rancunier et «nous sentir blessé». Ou nous pouvons ne pas répondre, rester détendu et ne sentir aucune blessure.

Vous êtes seul responsable de vos réponses et de vos réactions. Vous *n'êtes pas du tout forcé* de répondre. Vous pouvez rester détendu et exempt de tout meurtrissure.

Un contrôle mental a apporté à ces gens une vie nouvelle

Au Shirley Center du Massachusetts, les résultats obtenus par la psychothérapie de groupe ont surpassé les résultats obtenus par une psychanalyse orthodoxe et ce, en un délai beaucoup plus court. Deux éléments sont importants: le groupe d'entraînement au contrôle mental et les périodes journalières de relaxation. Le but est «la rééducation intellectuelle et émotionnelle pour trouver le chemin d'une nouvelle façon de vivre qui sera fondamentalement heureuse et réussie» (Winfred Rhoades, «Group Training in Thought Control for Relieving Nervous Disorders», Mental Hygiene, 1953).

Les patients, en plus de la «rééducation intellectuelle» et des conseils sur le contrôle mental, apprirent à se relaxer en prenant une position confortable pendant que le professeur leur décrivait en des mots agréables, une scène apaisante et calme. On demande également aux patients de pratiquer la relaxation chaque jour à la maison, et de conserver en eux tout au long de la journée le sentiment harmonieux et paisible de la scène.

Faites-vous un «lifting» psychique

Les vieilles cicatrices émotionnelles ne peuvent être guéries par la médecine ou la pharmacopée. Elles doivent être arrachées, ôtées entièrement, extirpées. Nombreux sont ceux qui ont recours à toutes sortes de pommades ou de baumes pour les vieilles blessures émotionnelles, mais cette méthode simpliste n'est pas efficace. Ils peuvent s'abstenir de manifester ouvertement toute vengeance physique, cependant, ils assouvissent leur châtiment par mille manières détournées et subtiles. L'exemple typique est celui de l'épouse découvrant l'infidélité de son mari. Suivant les conseils de son prêtre et/ou de son psychiatre, elle sera d'accord pour «pardonner». La conséquence est qu'elle n'abattra pas son conjoint! Elle ne le quittera pas. Dans toute son attitude extérieure elle est une épouse «faisant son devoir».

Sa grande indulgence se transforme en une épée dans le dos, car elle est consciente du fait que son acquittement prouve sa supériorité morale. Elle lui aurait rendu plus de service et aurait pu être elle-même plus heureuse si elle avait refusé ce genre de pardon et si elle l'avait quitté[3].

Le pardon est un scalpel qui enlève les cicatrices émotionnelles

«Je peux pardonner mais je ne peux pas oublier» est une autre façon de dire: «Je ne veux pas pardonner», dit Henry Ward BEECHER. «Pardonner doit être comme une traite annulée, déchirée en deux et brûlée, de telle façon qu'elle ne puisse plus être présentée.»

Le pardon, quand il est réel, authentique, complet et *oublié*, est le scalpel qui permet d'enlever le plus des vieilles blessures émotionnelles, qui les guérit et qui fait disparaître le tissu cicatriciel.

Le pardon partiel, fait à contre-coeur, ne vaut pas mieux qu'une opération inachevée du visage. Ce pardon prétendu tel, qu'on accomplit comme un devoir, n'est pas plus efficace qu'une chirurgie faciale simulée.

Le pardon n'est pas une arme

Il y a une multitude de faux raisonnements concernant le pardon, et l'une des raisons pour laquelle son effet thérapeutique n'a pas encore été reconnu est le fait que le *vrai* pardon est rarement tenté. *Par exemple, on a beaucoup écrit que nous devrions pardonner pour devenir «bon». Nous avons été rarement conseillés de pardonner dans le but de devenir heureux.* Un autre sophisme est que le pardon nous placerait dans une position supérieure, ou qu'il serait une tactique pour gagner sur son ennemi. Cette idée apparaît dans maints proverbes spécieux tels que: «N'essayez pas simplement de «passer l'éponge», pardonnez à votre ennemi et vous lui tiendrez tête.» TILLOTSON, ancien archevêque de Canterbury nous dit: «On ne peut pas remporter sur un autre homme une victoire plus glorieuse que celle qui consiste à répondre par la bonté à une initiative malfaisante de sa part.» Ce n'est qu'une autre manière d'exprimer que le pardon lui-même peut être employé comme une arme efficace de revanche... ce qui est vrai. Quoi qu'il en soit, le pardon pratiqué dans un esprit de vengeance ne peut être le pardon thérapeutique.

Le pardon thérapeutique excise, annule, et fait comme si l'erreur n'avait jamais existé. Le pardon thérapeutique est une chirurgie.

Vos raisons de pardonner sont importantes

Ainsi, nous annulons la dette d'une personne, non parce que nous avons décidé d'être généreux, ou pour lui faire une faveur, ou parce que nous sommes un être moralement supérieur. Nous effaçons la dette et la déclarons «nulle et non avenue», non parce que nous avons suffisamment fait «payer» l'autre personne pour son erreur, mais parce que nous en sommes arrivés à reconnaître que la dette en elle-même n'est pas valable. Le vrai pardon apparaît seulement quand nous sommes capables de voir, et d'accepter émotionnellement, qu'il n'y a pas et qu'*il n'y a jamais rien eu à pardonner*. Nous n'avions tout simplement pas à condamner ou à haïr l'autre personne.

Pardonnez à vous-même comme à autrui

Nous ne recevons pas seulement des blessures de la part des autres, mais de plus beaucoup d'entre nous s'en infligent.

Nous nous cassons la tête avec l'auto-condamnation, le remords et les regrets. Nous nous cassons les reins avec le doute. Nous nous «entaillons» avec la culpabilité excessive.

Le remords et les regrets sont une tentative pour vivre émotionnellement dans le passé. Le sentiment de culpabilité excessive est un essai pour rétablir quelque chose que nous avons mal fait ou que nous estimons avoir raté *dans le passé*.

Il est bon de reconnaître nos fautes comme étant des erreurs. Sinon nous ne pourrons pas corriger notre chemin. La «conduite» ou le «guidage» deviendront impossibles. Il est vain et mortel de se haïr et de se condamner pour ses erreurs.

Vous faites des erreurs... les erreurs ne sont pas «vous»

Donc, en pensant à nos erreurs (ou à celles des autres) il est d'un grand secours et plus réaliste d'y réfléchir en termes de ce que nous avons fait ou n'avons pas fait, plutôt qu'en termes de ce que les erreurs *nous ont* fait.

L'une des plus grandes erreurs que l'on puisse faire est de confondre notre comportement avec notre «moi»... pour en conclure que si on a fait tel acte, celui-ci va nous cataloguer dans un certain genre de personne. La pensée s'éclaircit si nous pouvons nous rendre compte que les erreurs engagent seulement ce que nous avons fait; elles signent nos actions, et pour être réaliste nous devrions employer des verbes se rapportant à l'action plutôt que des mots se rapportant à un état de conscience décrivant l'action.

Par exemple, de dire: «j'ai raté» ou «j'ai fait une erreur» (forme verbale), c'est reconnaître une erreur, et cela peut aider à nous conduire vers un succès futur.

Mais de dire: «je suis un raté» (forme nominale) ne décrit pas ce que vous avez *fait*, mais *ce que vous pensez que l'erreur vous a fait*.

Nous admettons bien que tous les petits enfants tombent en apprenant à marcher. Nous disons: «il tombe» ou «il trébuche» ou «fait un faux pas». Nous ne disons pas: c'est un «tombeur» ou c'est «un faiseur de faux pas» ou «un trébucheur». Bref, souvenez-vous que «Vous» faites des erreurs. Les erreurs ne vous font pas «Vous», en aucune manière.

Qui a envie de ressembler à une huître?

Un dernier mot sur la prévention et l'élimination des blessures émotionnelles. Pour vivre d'une manière créatrice nous devons être disposé à être *légèrement vulnérable*. Nous devons nous tenir prêt à être *un peu blessé*... si nécessaire dans une vie créative. Beaucoup de personnes ont besoin d'une peau émotive plus épaisse et plus résistante que la leur. Mais ils ont seulement besoin d'un cuir émotionnel résistant ou épiderme; non d'une coquille. Croire, aimer, s'ouvrir à une communication affective avec autrui, c'est prendre le risque d'être froissé. Une huître n'est jamais «blessée». Elle possède une coquille épaisse qui la protège de tout. Elle est isolée. Une huître est en sécurité mais elle n'est pas créative. Elle ne peut pas «courir» après ce qu'elle désire; elle doit attendre que cela vienne à elle. Une huître ignore tout des «coups» de la communication des émotions avec son environnement... mais elle ignore aussi la joie.

Un lifting émotionnel vous rendra plus jeune

Essayez de vous donner un «lifting psychique». C'est plus qu'un jeu de mots. Ce masque vous ouvrira à un supplément de vie, à un surplus de vitalité, cette «manière» qui fait la jeunesse. Vous vous sentirez plus jeune. Vous deviendrez réellement plus jeune. Combien de fois n'ai-je pas vu un homme ou une femme donner l'impression de rajeunir de 5 ou 10 ans dans son apparence après lui avoir ôté ses vieilles cicactrices émotionnelles. Regardez autour de vous. Quels sont les gens qui ayant passé la quarantaine demeurent encore jeunes? Les grincheux? Les rancuniers? Les pessimistes? «Ceux qui en ont après tout le monde»? Ou les individus de bonne humeur, optimistes et d'un bon naturel?

Points à se rappeler (remplissez):
1)
2)
3)
4)
5)
6)
7)

(1) En parallèle à ce chapitre, je recommande les ouvrages du Dr Lowen sur la bio-énergie (NDT).
(2) Reich parle de ces tensions comme d'un processus de cuirassement conçu pour protéger l'individu contre de nouvelles blessures éventuelles (NDT).
(3) Sous réserve qu'en quittant son mari elle oublie la «faute» sinon sa cicatrice émotionnelle demeure (NDT).

CHAPITRE XI

Comment débloquer votre vraie personnalité

«LA PERSONNALITÉ», cette entité mystérieuse et magnétique qu'il est facile de reconnaître mais malaisé de définir, n'est pas tant un acquis donné par le monde extérieur qu'une «*libération*» s'effectuant en nous-même. Ce vrai moi que chacun de nous possède *est* attirant. Il *est* magnétique. Il exerce un impact et une influence puissante sur autrui. Avec ce vrai moi, nous avons le sentiment de toucher à quelque chose de réel et de fondamental... et «ça nous remue.» Pourquoi tout le monde aime-t-il un bébé? Parce qu'il nous offre l'exemple au nième degré du dicton: «Soyez vous-même». Il n'a pas de scrupules pour s'exprimer. Il n'est pas du tout inhibé.

Tout le monde a une «personnalité» renfermée ou bloquée

Chaque être humain a quelque chose de mystérieux appelé: personnalité.

Lorsque nous disons qu'une personne «a de la personnalité», ce que nous voulons dire c'est qu'elle a affranchi et libéré tout son potentiel créateur intime et qu'elle est capable d'exprimer son vrai «moi».

Une «personnalité pauvre» et une «personnalité inhibée» sont une seule et même chose. Une personnalité pauvre n'exprime pas son moi créateur intime. Les symptômes de l'inhibition sont nombreux et variés: timidité, réserve, hostilité, sentiment de culpabilité, insomnie, nervosité, irritabilité, incapacité à vivre avec autrui.

La frustration est sans doute la caractéristique la plus courante chez une personne inhibée. Sa vraie frustration de base provient de son échec «d'être soi-même» et de son échec à s'exprimer efficacement. Et cette frustration de départ finit par colorer et déborder sur tout ce qu'elle fait.

Un excès de feedback négatif déclenche l'inhibition

Le feedback négatif n'énonce pas «Stop absolu!». Il dit: «Ce que vous êtes en train de faire est une erreur»; il ne dit pas: «*Tout* ce que vous faites est faux.»

L'inhibition et l'excès de rétroaction négative sont une seule et même chose. Lorsque nous réagissons excessivement au feedback négatif ou aux critiques, nous en venons à conclure que ce n'est pas seulement notre action présente qui est légèrement en-dehors de la trajectoire, c'est-à-dire fausse, mais de plus que c'est une erreur pour nous de continuer à aller de l'avant.

Un trappeur, un chasseur, pour revenir à sa voiture, se guide souvent en prenant des points de repères à proximité de son véhicule, tel un arbre très grand pouvant être aperçu à plusieurs kilomètres. Quand il veut revenir à la voiture, il regarde l'arbre (c'est-à-dire sa cible) et marche dans sa direction. Il peut perdre l'arbre de vue de temps à autre, mais dès que c'est possible, il «contrôle sa course» en comparant sa direction d'avec la position de l'arbre. S'il s'aperçoit que sa marche dérive de 15° à gauche de celui-ci, il doit reconnaître qu'il est dans «l'erreur» ou «faux». Immédiatement il corrige sa course et de nouveau marche en direction de son arbre. *Cet homme n'en conclut pas, cependant, qu'il est faux pour lui de marcher.* Et pourtant, beaucoup d'entre nous se rendent coupables à partir de telles conclusions absurdes.

Souvenez-vous bien qu'une rétroaction négative excessive produit l'effet d'interférer ou d'arrêter complètement la réponse efficace.

L'auto-critique consciente n'arrange rien, bien au contraire

Nous devrions être capables de voir clairement «ce qui sonne faux», et nous pourrons alors nous corriger[2].

Pour que le feedback nous apporte une aide efficace à mieux parler, il doit: 1° être plus ou moins automatique, ou subconscient; 2° il doit se produire spontanément, ou *pendant que nous parlons*; 3° la réponse au feedback ne doit pas être trop sensible afin d'éviter toute inhibition.

Si nous critiquons consciemment et excessivement notre discours, ou si par avance nous sommes *trop attentifs* à essayer d'éviter les erreurs au lieu de réagir spontanément, il en résulte un blocage.

L'«attention» excessive conduit à l'inhibition et à l'anxiété

Lorsqu'on tâche de verser un liquide dans le goulot d'une petite bouteille, votre main peut se maintenir parfaitement immobile mais au moment d'accomplir votre *but*, vous vous mettez à trembler pour une raison bizarre.

Dans le milieu médical, on appelle cela «un tremblement d'intention».

Il survient, comme ci-dessus, à des personnes tout à fait normales lorsqu'elles essaient trop fortement, ou lorsqu'elles sont «trop attentives» à ne pas faire d'erreur au cours de la réalisation d'une action.

Ces personnes peuvent être aidées, et souvent d'une façon remarquable, par l'entraînement à la relaxation, où elles apprennent à se relâcher des efforts excessifs, au lieu d'être excessivement scrupuleuses à essayer d'éviter de faire des erreurs ou des échecs.

La prudence outre-mesure ou l'anxiété excessive à ne pas faire d'erreurs, est une forme de rétroaction négative en excès. «Je n'aime pas ces gens froids, précis, parfaits, qui, pour ne pas parler mal, ne parlent pas du tout, et qui pour ne rien faire de mal, ne font rien du tout», a dit Henry Ward BEECHER[3].

Le conseil de William James aux professeurs et aux étudiants

«Quels sont les élèves qui «se démontent» en classe de récitation? demanda le maître. «Ceux qui pensent aux possibilités de l'échec et qui sentent l'importance majeure de l'acte.» JAMES poursuit: «Quels sont ceux qui récitent le mieux? Ce sont généralement ceux qui sont les plus indifférents. *Leurs* idées défilent toutes seules de leur mémoire avec leur propre accord. En effet, lorsque les individus oublient leurs scrupules, laissent parler leur coeur et leur langue s'agiter aussi automatiquement et spontanément qu'ils le désirent, la conversation fleurit alors, le contact de la société est rafraîchissant, sans être ni ennuyeux ni épuisant.

Considérons, par exemple, une période caractérisée par l'imminence de nombreuses et successives journées d'examens. Une minute de bon tonus nerveux, au cours d'un examen, équivaut à une heure de préparation studieuse et anxieuse. Si vous voulez véritablement donner le meilleur de vous-même lors d'un examen, la veille laissez tomber vos livres et dites-vous «je ne vais pas perdre une minute de plus à cette activité stupide, et ça m'est complètement égal de réussir ou non». Dites cela sincèrement en le ressentant, et sortez vous divertir ou allez dormir; et je suis certain que les résultats du lendemain vous inciteront à employer définitivement cette méthode en toutes occasions.» (William James, «À propos des réserves vitales».)

La «conscience de soi» passe par la «conscience des autres»

La relation de cause à effet entre la contreréaction négative excessive et ce que nous appelons la «conscience de soi» peut être faite rapidement.

Dans toutes les relations sociales, quelles qu'elles soient, nous recevons constamment d'autrui des informations de feedback négatif.

Dans toutes les situations sociales une interaction permanente se produit entre la personne qui parle et celle qui écoute, entre l'acteur et le spectateur. Et sans cette communication constante, à double sens, les relations humaines et les activités sociales seraient peu enthousiasmantes et comme mortes, sans aucune «étincelle» de vie[4]. Les personnes dont on dit qu'elles ont «une bonne personnalité», qui sont populaires et magnétiques en société, peuvent sentir cette communication avec autrui et elles y réagissent et y répondent automatiquement et spontanément d'une manière créatrice. L'information émanant des autres est reçue en tant que rétroaction négative, et permet à l'individu qui parle d'améliorer sa sociabilité.

Cependant, ce type de feedback négatif, pour donner toute son efficacité, doit être créatif, c'est-à-dire être aussi plus ou moins automatique, subconscient et spontané, plutôt que manigancé consciemment et réfléchi.

«Ce que les autres doivent penser de moi!» crée l'inhibition

Quand vous devenez trop conscient au sujet de «ce que les autres doivent penser de moi!»; quand vous devenez trop scrupuleux à essayer consciemment de plaire à autrui; quand vous devenez trop susceptible aux remarques réelles ou imaginaires que les autres vons font; alors vous avez de la rétroaction négative en excès, c'est-à-dire de l'inhibition et une réussite médiocre.

La voie pour faire bonne impression sur les autres est la suivante: N'essayez jamais consciemment de leur donner une bonne impression. N'agissez jamais ou évitez d'agir consciemment dans le seul but de produire un effet forcé.

Comment un représentant se guérit de sa timidité

James MANGAN, le fameux représentant, auteur et conférencier, raconte que lorsqu'il quitta sa maison pour la première fois, il était affreusement timide, plus spécialement lorsqu'il mangeait dans la salle d'un hôtel de première classe. Lorsqu'il avançait vers sa table il sentait que chaque regard se portait sur lui, le jugeant, le critiquant.

James MANGAN réussit à guérir sa timidité en se remémorant la façon dont il se sentait et se comportait quand il se rendait à la cuisine «pour manger avec papa et maman». Puis, quand il eut à marcher dans la salle d'un 4 étoiles, il s'imagina et fit mine qu'il était «en train de dîner avec papa et maman»; et il agit de la sorte.

Pour un autre individu, vaincre sa timidité sera d'agir comme s'il était seul, d'ignorer l'opinion des autres et cela, sans aucun mépris ou arrogance.

«Cette attitude de s'immuniser contre les inconnus et les situations inédites, cette totale indifférence pour ce qui est étranger ou imprévu, porte un non. On l'appelle *l'équilibre*. L'équilibre est la manoeuvre délibérée de mettre de côté toutes les peurs provenant de circonstances nouvelles et incontrôlables.» (James Mangan, «Le truc pour vous vendre»).

«La conscience nous rend tous lâches»

Ainsi l'a écrit SHAKESPEARE. Et ainsi le disent des psychiatres modernes et des chefs spirituels éclairés.

La conscience en elle-même est un mécanisme ayant acquis un feedback négatif s'exerçant au niveau moral et éthique. Si les informations apprises et stockées sont correctes (en ce qui est «vrai» et ce qui est «faux»), et si le mécanisme de feedback n'est pas trop sensible mais réaliste, le résultat est le suivant (comme d'ailleurs dans n'importe quelle autre situation de poursuite d'un but): nous sommes soulagés du fardeau d'avoir à «décider» constamment de ce qui est vrai et de ce qui est faux. La conscience nous conduit ou nous guide suivant une «ligne droite et étroite» vers le but, avec un comportement approprié et réaliste aussi loin que le permettent l'éthique et la morale. La conscience travaille automatiquement et subconsciemment, comme le fait n'importe quel autre système de rétroaction.

Cependant, ainsi que le précise le docteur Harry Emerson FOSDICK, «votre conscience peut vous égarer». Votre conscience elle-même peut se tromper car elle s'appuie sur vos propres croyances fondamentales relatives au vrai et au faux. Si vos croyances fondamentales sont vraies, réalistes et sensibles, la conscience devient un allié précieux. Mais si vos croyances fondamentales sont elles-mêmes fausses, erronées, irréelles ou manquant de sensibilité, elles «déclinent» votre compas et le guide vers des ennuis au lieu de les lui éviter.

L'expression de soi n'est pas une finalité morale

Néanmoins, l'expression de soi peut devenir moralement «fausse» selon notre conscience, si autrefois nous avons été écrasé, réduit au silence, humilié, vexé ou puni comme un enfant qui parle trop fort parce que nous avons exprimé ouvertement nos idées. Ainsi donc, un tel enfant «apprend» qu'il est «faux» d'être soi-même, qu'il doit se garder d'avoir des idées valables et peut-être même de parler.

Si un enfant est puni lorsqu'il se montre coléreux; ou si on le rend honteux de manifester sa peur. Lorsque vous réprimez les émotions mauvaises vous réprimez également les bonnes émotions[5]. Et le mètre-étalon pour juger les émotions n'est pas le «mètre de bonté» ou le «mètre de la vulgarité», mais celui du convenable ou du non-convenable du moment. Il est convenable de se mettre en colère s'il y a une nécessité légitime à détruire un obstacle en employant toutes ses forces et son agressivité. Correctement dirigée et contrôlée, la colère est un élément important qui fait partie du courage.

Se désinhiber = un grand pas dans la direction opposée

Si vous faites partie de millions d'êtres humains qui ont souffert du malheur et de l'échec à cause de l'inhibition, vous avez besoin de pratiquer volontairement la désinhibition ou la permissivité. Vous devez la pratiquer en étant moins soucieux, moins concerné, moins consciencieux. Exercez-vous à parler avant de réfléchir au lieu de réfléchir avant de parler; à agir sans penser au lieu de penser ou de «peser soigneusement les conséquences» avant d'entreprendre. Le monde a besoin d'une certaine quantité d'inhibition. Mais pas vous. Les mots-clés sont «une certaine quantité».

Notre but est de développer une personnalité efficce, créatrice, en plénitude. La voie qui mène au but est une trajectoire entre un excès et un manque d'inhibition. Lorsqu'il y en a trop, nous corrigeons la course en ignorant l'inhibition et en pratiquant plus la désinhibition.

Comment savoir si vous avez besoin de désinhibition

Voici les signaux de «feedback» qui vont vous dire si vous êtes en dehors de la course, par excès ou par manque d'inhibition: Si, continuellement, vous vous créez des ennuis en faisant trop confiance; si, habituellement, vous vous précipitez «là où le diable ne mettrait pas les pieds»; si vous vous retrouvez dans des situations explosives à cause de vos actions impulsives et inconsidé-rées; si vous recevez toujours des coups de bâtons parce que «vous agissez d'abord et posez ensuite des questions»; si vous ne pouvez jamais admettre que vous avez tort; si vous parlez bruyamment en racontant n'importe quoi; alors vous avez sans doute un manque d'inhibition. Vous devez songer davantage aux conséquences avant d'agir. Vous avez besoin de stopper votre démarche qui est celle d'un éléphant dans un magasin de porcelaine, et de prévoir vos activités avec plus de soin.

EXERCICES PRATIQUES

1) Ne vous demandez pas à l'avance ce que vous allez formuler et l'esprit vous soufflera en temps voulu les paroles adéquates.

2) Ne prévoyez rien. Ne prenez pas la peine de penser à demain. Ne pensez pas avant d'agir. Agissez... et rectifiez votre action au fur et à mesure.

3) Cessez de vous critiquer. La personnalité inhibée «se laisse aller», sans arrêt, à son analyse d'auto-critique. La rétroaction utile et bénéfique travaille subconsciemment, spontanément et automatiquement.

4) Prenez l'habitude de parler *plus fort* que vous ne le faites. Augmentez le volume de votre voix. Cela vous permettra de déployer *toute* son énergie, y compris celle qui était bloquée et ligotée par l'inhibition.

5) Lorsque vous les aimez, faites-le savoir aux personnes intéressées. L'indi-vidu inhibé a peur d'extérioriser ses «bons» sentiments aussi bien que ses mau-vais. S'il exprime de l'amour, il craint d'être jugé comme une personne sentimentale; s'il exprime de l'amitié, il craint que cela ne soit pris pour de la flagornerie ou «la brosse à reluire». S'il fait des compliments il a peur que l'autre ne l'estime superficiel ou le suspecte d'avoir une idée derrière la tête. Ignorez complètement tous ces signaux de feedback négatif.

Points à me rappeler: (à remplir)

1°

2°

3°

4°

5°

6°

7°

(1) Ce qui crée un mouvement oscillatoire, d'emballement, d'hypersensibilité par excès de bien-faire (NDT).

(2) «Les contreréactions audio-vocales ont complètement réformé toutes les conceptions antérieurement acquises, par la mise en évidence des circuits de régulation qui tiennent sous leur férule tous les contrôles cybernétiques de la mécanique laryngée» (Dr Tomatis). Cette boucle quotidienne illustre parfaitement un feedback: on parle d'après ce que l'oreille entend, des trous dans l'audition entraînent des faiblesses dans la phonation des fréquences correspondantes; ou un excès dans la fonction auditive va provoquer une baisse dans la fonction parlée (NDT).

(3) «Je hais ces coeurs pusillanimes qui, pour trop embrasser la face des choses, n'osent rien entreprendre» Molière (NDE).

(4) Lorsque l'énergie ou l'information circule à sens unique — du pouvoir centralisateur aux objets obéissants — nous sommes en présence d'une société mortifère. La caractéristique de la vie est le double sens: *l'effet agit sur la cause qui l'a engendrée* (NDT).

(5) Les premières nourrissent les secondes. Les techniques modernes d'éveil nous apprennent à éveiller et à retenir les émotions dites vulgaires pour obtenir le moyen de lutter et de récupérer des forces (au lieu d'entrer dans une guerre intestine) (NDT).

CHAPITRE XII

Fabriquez vous-même les tranquillisants
qui procurent la paix de l'esprit

Les tranquillisants qui sont devenus si populaires ces dernières années, apportent le calme, la paix de l'esprit et leur action que l'on peut qualifier «d'action parapluie» réduit ou élimine les «symptômes nerveux». Car de même qu'un parapluie nous protège de la pluie, les divers tranquillisants construisent un «écran psychique» entre nous et les stimuli désagréables. Les tranquillisants ne modifient pas l'environnement. Les stimuli gênants subsistent. Nous sommes toujours capables de les *reconnaître* intellectuellement, mais nous ne leur *répondons* plus émotivement. En définitive, ils réduisent ou amoindrissent notre réaction excessive aux feedbacks négatifs.

Une réaction excessive est une mauvaise habitude
dont on peut se guérir

Supposons que pendant que vous lisez ces lignes, tranquillement assis à votre bureau, le téléphone sonne tout à coup. Par habitude et expérience, c'est un «signal» — ou stimulus — auquel vous avez appris à obéir. Sans réfléchir, sans même prendre conscience de décider de la situation, vous réagissez. Vous bondissez hors de votre fauteuil et vous vous précipitez sur le téléphone. Le stimulus externe a eu pour effet de vous «mouvoir». Il a dérangé votre processus mental en cours et votre «position» qui était celle d'une action autonome et déterminée consciemment. Vous vous apprêtiez à passer 1 heure à lire, détendu dans un fauteuil. Intérieurement vous vous étiez organisé pour cela. Maintenant tout ceci a brusquement changé suite à votre réponse au stimulus externe de l'environnement.

Le point que je voudrais souligner est le suivant: *Vous n'avez pas* à répondre au téléphone. Vous n'avez pas à obéir. Vous pouvez, *si vous le voulez*, ignorer complètement la sonnerie du téléphone. Bien que vous soyez parfaitement *attentif* à cette sonnerie vous n'en tenez pas compte et vous n'y obéissez pas. Pénétrez bien votre esprit du fait que le signal extérieur n'a par lui-même aucun pouvoir sur vous; aucun pouvoir pour vous faire bouger. Vous vous relaxez tout simplement, vous ignorez le signal et vous le laissez sonner sans vous en soucier.

Comment surmonter les réponses conditionnées

Oui, nous pouvons «éliminer» les réponses conditionnées si nous les remplaçons par le développement d'une pratique de la relaxation. Nous pouvons conserver en nous une clé mentale que nous emploierons contre n'importe quel stimulus perturbateur. Cette clé consiste à se dire: le téléphone est en train de sonner, mais je ne suis pas *forcé* d'y répondre. Je peux le laisser «sonner». Cette pensée vous «branchera» sur l'image mentale de vous-même.

Si vous ne pouvez pas ignorer la réponse... retardez-là

La technique pour éteindre un conditionnement peut vous sembler difficile à appliquer, en particulier au début, si vous voulez réussir à ignorer complètement la «sonnette», spécialement si elle sonne à l'improviste. Dans de telles circonstances vous pourrez parvenir au même résultat final — la suppression du conditionnement — simplement en *retardant* votre réponse. «Compter jusqu'à dix» quand on est tenté de se mettre en colère est basé sur le même principe, et constitue un bon conseil... si vous comptez lentement; et en réalité cela retarde vraiment la réponse, au lieu de vouloir tout envoyer promener ou de frapper du poing sur la table.

La relaxation dresse un écran psychique ou tranquillisant

Il doit être clair dans votre esprit que nos sentiments désagréables — colère, hostilité, peur, angoisse, insécurité — sont engendrés par nos propres réponses, et non par l'extérieur. La réponse signifie tension. L'absence de réponse signifie relaxation. Il a été démontré au cours d'expériences faites en laboratoires scientifiques qu'on ne peut absolument pas se sentir en colère, appeuré, angoissé, insécurisé, «en péril», tant que les muscles se maintiennent en parfaite relaxation[1]. Tous ces états sont par essence *nos propres sentiments*. La tension musculaire est une préparation à l'action ou «se tenir prêt à répondre». La relaxation des muscles amène une «relaxation mentale», ou une attitude décontractée de sérénité. Bref, la relaxation est notre tranquillisant naturel qui dresse un écran psychique — un parapluie — entre nous et les stimuli désagréables.

Aménagez-vous une oasis de tranquillité dans votre esprit

«Nulle part, en effet, l'homme ne trouve de plus tranquille et de plus calme retraite que dans son âme, pour acquérir aussitôt une quiétude absolue, et par quiétude, je n'entends rien d'autre qu'un ordre parfait. Accorde-toi donc sans cesse cette retraite, et renouvelle-toi» (Marc Aurèle — Pensées)[2].

Pendant les derniers jours de la Seconde Guerre Mondiale, on fit remarquer au Président Harry Truman combien il semblait supporter les stress et les tensions de la Présidence mieux que n'importe quel autre Président. Sa réponse fut la suivante: «J'ai un terrier dans ma tête». Il ajouta que, pareil à un soldat qui se retranche dans son terrier pour se protéger, se reposer et récupérer, il se retirait périodiquement dans son terrier mental où il ne permettait à rien de le déranger.

Votre chambre personnelle de décompression

Chacun de nous a besoin d'une oasis ou chambre tranquille à l'intérieur de son propre esprit; un havre de paix en soi, semblable aux profondeurs océanes qui ne sont jamais troublées, quelle que soit la violence des vagues à la surface.

Ma conviction personnelle est que chaque individu possède déjà un havre de paix intérieur, jamais troublé, inamovible, semblable au point géométrique du centre exact d'une roue ou d'un axe qui demeure stationnaire. Tout ce que nous devons faire c'est trouver ce centre tranquille en nous et d'y retourner périodiquement pour nous reposer, pour récupérer et pour renouveler nos forces.

Un mini-congé chaque jour

Dès que vous avez quelques instants de libres, par exemple entre vos rendez-vous, dans le bus, retirez-vous dans votre pièce tranquille. Chaque fois que vous commencez à sentir monter la tension, la précipitation ou le harcèlement, retirez-vous dans votre pièce tranquille pendant un moment. De cette manière, les quelques minutes prises dans une journée très chargée vous seront rendues au centuple.

Vous avez besoin d'un certain taux d'évasion

Notre système nerveux a besoin de liberté et de protection face au bombardement continuel des stimuli externes. Nous avons besoin de vacances annuelles pendant lesquelles nous nous «évadons» physiquement des scènes de la vie quotidienne, des devoirs et responsabilités habituelles, et «envoyons tout promener».

Votre âme et votre système nerveux ont besoin d'une pièce pour se reposer, récupérer et se protéger; de même que votre corps physique a besoin d'une maison physique et ce, pour les mêmes raisons. Votre pièce imaginaire de repos donne à votre système nerveux un peu de congé quotidien. À ce moment, vous êtes mentalement «en vacances» de votre journée de travail, de vos responsabilités, décisions, pressions, et vous «laissez tout tomber» en vous retirant dans votre «Chambre de Décompression».

«Nettoyez» votre système avant d'attaquer un nouveau problème

Si vous avez l'habitude d'employer une calculatrice ou un ordinateur, vous devez «nettoyer» la machine de tous les problèmes précédents avant d'en attaquer un nouveau. Sinon, des parties de l'ancien problème ou de l'ancienne situation viendront «contaminer» la nouvelle situation, et vous donneront une réponse fausse.

Cet exercice de retrait pendant quelques instants dans votre pièce de tranquillité de l'esprit peut accomplir le même type de «nettoyage» de votre mécanisme de succès, et pour cette raison il est bon de le pratiquer entre les réunions, les situations, les circonstances qui réclament des humeurs et des dispositions mentales différentes.

L'insomnie, la hargne
proviennent souvent de «résidus» émotionnels

Beaucoup de gens traînent avec eux leurs problèmes jusqu'au lit alors qu'ils devraient se reposer. Mentalement et émotionnellement, ils sont toujours en train d'essayer de faire quelque chose concernant une situation à un moment où «l'action» n'est plus possible.

Tout au long de la journée, vous avez besoin de plusieurs modèles différents d'organisation émotionnelle et mentale. Vous avez besoin d'une «humeur» différente et d'un système mental autre lorsque vous parlez avec votre patron, et lorsque vous parlez avec un client. Et si vous venez de parler avec un client irrité et irritable, vous avez besoin de changer d'air avant de discuter avec un nouveau client. Sinon, les «résidus émotionnels» de la première situation viendront «contaminer» la transaction suivante.

Une importante compagnie découvrit que ses directeurs sans raison répondaient, au téléphone d'un ton rude, coléreux, hostile. Le téléphone sonnait au beau milieu d'une conférence animée, ou pendant que le directeur se sentait, pour une raison quelconque, frustré et hostile; celui qui l'appelait se trouvait surpris et offusqué par ce ton de voix hostile et coléreux. Cette compagnie obligea tous les directeurs à faire une pause de 5 secondes — et à sourire — avant de décrocher le téléphone. Ce moment de tranquillité passe l'éponge sur le solde, si l'on peut dire, il nettoie la machine et vous procure une nouvelle page vierge pour l'atmosphère qui va suivre.

Construisez votre parapluie psychique personnel

En pratiquant les techniques de ce chapitre, vous pouvez fabriquer votre parapluie psychique personnel pour faire écran aux stimuli désagréables, pour vous apporter plus de tranquillité d'esprit et pour vous permettre de meilleures performances.

Comprenez bien que la clé de vos troubles et angoisses éventuels, ou celle de votre tranquillité et de votre pondération *n'est pas* le stimulus extérieur quel qu'il puisse être mais votre réponse et votre réaction personnelles. C'est votre propre réponse qui vous rend peureux, anxieux, insécurisé. Si vous ne répondez pas du tout, mais «laissez simplement le téléphone sonner», il deviendra impossible de vous sentir dérangé, indifférent à ce qui peut se passer autour de vous. «Sois la falaise sur laquelle les vagues viennent continuellement se briser, mais qui reste debout et qui calme la furie des eaux environnantes», dit Marc Aurèle. Vous êtes foncièrement un «acteur» et non un «réacteur». Tout au long de ce livre, nous avons parlé des façons de *réagir* et de *répondre* correctement aux facteurs de l'environnement.

Cessez de combattre des épouvantails

Un autre type de réponse fausse qui engendre les soucis, l'insécurité et la tension est constitué par la mauvaise habitude de vouloir répondre émotionnellement à quelque chose qui n'existe que dans notre imagination. Comme nous ne sommes pas satisfaits des réactions trop fortes aux stimuli mineurs du moment, provenant de l'environnement présent, beaucoup d'entre nous créent en imagination des épouvantails et réagissent émotionnellement à leurs propres images mentales défavorables. Ensuite, nous réagissons à ces images négatives *comme si* elles constituaient la réalité présente. Rappelez-vous, entre deux expériences, votre système nerveux ne peut pas faire la différence entre celle qui est réelle et celle qui est imaginée intensément.

Votre trousse de premier secours

Gardez ces pensées avec vous comme une sorte de trousse de premier secours:
• Pratiquez la non-réponse — laisser le téléphone sonner — vous vous créez un tranquillisant ou un écran psychique entre vous et le stimulus perturbant.
• Retardez votre réaction habituelle automatique et irréfléchie et éteignez les anciens réflexes conditionnés.
• Cultivez la détente physique en vous y exerçant chaque jour.
• Employez votre pièce imaginaire de tranquillité nettoyer votre mécanisme émotionnel.
• Arrêtez de vous effrayer jusqu'à la mort avec votre cinéma mental personnel. Arrêtez de combattre des épouvantails. Émotionnellement, ne répondez qu'à ce qui *est* vraiment, ici et maintenant… et oubliez le reste.

EXERCICE PRATIQUE:

Représentez-vous exécutant vos tâches quotidiennes une par une, calme, fleg-matique, sans hâte, malgré la pression d'une journée chargée. Imaginez-vous en train de soutenir le même train d'allure constant, stable, malgré les nom-breuses «sonnettes d'alarme» et les «sonnettes de pression» de votre entourage. Voyez-vous dans des situations variées qui vous ont, dans le passé, bouleversé. Maintenant, vous demeurez simplement bien solide à votre place, bien équili-bré, en ne répondant pas.

(1) Cf «Biologie des émotions», Pr Jacobson, éd. E.S.F. (NDE).
(2) Traduction de Mario Meunier — Librairie Garnier. Livre IV — 3° et un peu plus loin: «Il reste donc à te souvenir de la retraite que tu peux trouver dans ce petit champ de ton âme. Et, avant tout, ne te tourmente pas, ne te raidis pas: mais sois libre et regarde les choses en être viril, en homme, en citoyen, en mortel» (NDT).

CHAPITRE XIII

Comment transformer une crise
en une possibilité créatrice

Je connais un jeune joueur de golf qui détient tous les records de sa localité et qui cependant n'a jamais été bien placé dans un tournoi vraiment important. Lorsqu'il joue seul, ou avec des amis, ou dans des petites rencontres d'amateurs dont les enjeux sont faibles, son habileté est parfaite. Mais elle faiblit chaque fois qu'il participe à un grand tournoi. Pour employer le langage sportif «la nervosité le gagne».

Certains athlètes, au contraire, font de meilleures performances en étant sous pression. C'est la situation même qui semble leur donner davantage de force, de puissance et de finesse.

Ceux qui se retrouvent eux-mêmes à l'occasion d'une crise

Il peut arriver à un représentant de se trouver sans voix à l'occasion d'une affaire importante à réaliser. Sa maîtrise le quitte. Un collègue confronté aux mêmes circonstances peut très bien faire une vente mirifique. Le défi lancé par la situation arrache à ce dernier des capacités qu'il n'exploite pas en temps ordinaire.

Nombre de femmes sont charmantes et gracieuses lorsqu'elles parlent à une seule personne ou à un petit groupe mais deviennent muettes, mal à l'aise, stupides lors d'un grand dîner ou d'une réception. D'un autre côté je connais une jeune femme qui ne trouve sa pleine mesure qu'à condition d'être stimulée par un événement exceptionnel.

Certains étudiants ont d'excellents résultats pendant les cours de l'année scolaire mais perdent la mémoire lorsqu'ils sont devant la feuille blanche de l'examen. D'autres étudiants qui sont assez moyens en classe, réussissent très bien des examens importants.

101

Le secret des «risque-tout»

Ce qui différencie toutes ces personnes, ce n'est pas quelque qualité inhérente à l'une dont l'autre serait dépourvue. C'est bien plus en grande partie une question d'*apprentissage dans la façon de réagir* aux situations critiques.

Une «crise» est une situation qui peut soit vous révéler soit vous abattre. Si vous réagissez correctement à la situation, une «crise» peut vous procurer une force, une puissance, une sagesse que vous ne possédez pas ordinairement. Si vous réagissez d'une manière inadéquate, une crise peut vous priver du talent, de la maîtrise et des capacités sur lesquelles vous pouvez compter habituellement.

Celui qu'on appelle le «risque-tout» est invariablement quelqu'un qui a appris, d'une manière consciente ou non, à bien réagir aux situations critiques.

Si nous voulons apprendre à bien nous comporter dans une crise, nous devons: 1° acquérir une certaine compétence dans des conditions qui ne soient pas trop alarmantes; nous avons besoin de nous exercer sans aucune pression extérieures. 2° nous devons nous habituer à réagir aux crises par une attitude agressive et non pas défensive; à répondre au défi de la situation plus qu'à la menace; à garder notre but positif présent à l'esprit. 3° apprendre à ramener les soi-disantes situations de «crise» à leur juste proportion; à ne pas se faire une montagne d'un rien; et à ne pas agir comme si le moindre défi était une question de vie ou de mort.

1) S'ENTRAÎNER SANS PRESSION EXTÉRIEURE

Bien que nous puissions apprendre rapidement, nous ne pouvons pas le faire correctement dans des conditions de «crise». Jetez à l'eau un homme qui ne sait pas nager et la situation critique peut suffire à lui donner la force de nager pour sauver sa vie. Il apprend très vite et parvient à nager d'une manière ou d'une autre. Mais il ne pourra jamais apprendre à devenir un champion de natation. Les mouvements désordonnés qu'il a employés pour se sauver sont devenus «définitifs» et il lui sera difficile d'acquérir une meilleure façon de nager. À cause de son incapacité il pourra périr au cours d'une crise plus grave s'il doit nager sur une longue distance.

La pression retarde l'apprentissage

Plus la situation de crise qui accompagne l'apprentissage est intense, moins on apprend. Le professeur Jérôme S. BRUNER de l'Université d'Harvard, dressa 2 groupes de rats à trouver leur sortie dans un labyrinthe pour obtenir leur nourriture. Un premier groupe qui n'avait pas mangé depuis 12 heures vint à bout du labyrinthe après 6 essais. Pour le second groupe, resté sans nourriture depuis 36 heures, plus de 20 essais furent nécessaires.

Que ce soit pour les rats ou pour les humains, la conclusion est évidente: entraînez-vous sans pression aucune et vous apprendrez plus efficacement et vous serez capable de mieux vouscomporter face à une situation critique.

Fortifiez-vous en vous entraînant contre un adversaire fictif

Jim CORBETT a rendu populaire l'expression: «Boxer ou combattre contre un adversaire fictif.» Quand on lui demanda comment il avait réussi à contrôler et minuter parfaitement son direct du gauche qui lui servit à tailler en pièces John L. SULLIVAN le champion de Boston, Corbett expliqua qu'il s'était exercé en vue du combat, à lancer son gauche contre lui-même dans un miroir, plus de 10 000 fois.

Billy GRAHAM prêcha des sermons à des souches de cyprès d'un marais de Floride avant de développer ses idées avec toute la force de sa personnalité devant des auditeurs en chair et en os. La plupart des bons orateurs ont employé peu ou prou la même méthode. La forme la plus répandue de «boxe fictive» chez les conférenciers consiste à faire un discours à leur propre image reflétée dans un miroir. Quelqu'un que je connais bien aligne 6 ou 7 chaises vides devant lui, s'imagine que des gens y ont pris place, et essaie son discours sur cet auditoire imaginaire.

Un entraînement facile conduit à un résultat meilleur

Lorsque Ben HOGAN participait régulièrement à des tournois de golf, il conservait un club de golf dans sa chambre et s'exerçait tous les jours en privé, s'appliquant à lancer le club correctement, sans être dérangé, contre une balle de golf fictive. Lorsque Hogan se trouvait sur le terrain il exécutait en imagination les mouvements adéquats avant de jouer, puis il se reposait sur la «mémoire musculaire» pour qu'elle exécute le coup correctement.

La pratique du combat fictif «déclenche» l'expression de soi

Cette technique d'entraînement sans pression extérieure» est si simple et ses résultats sont souvent si saisissants, que bien des personnes ont tendance à croire qu'il y entre une certaine magie. Pratiquez cette technique et vous serez étonné des résultats.

Le mot «expression» signifie littéralement «faire sortir», déployer, mettre en avant. Le mot «inhibé» signifie écarter, restreindre. L'expression de soi est une mise en avant, une «exhibition» des pouvoirs, des talents et des capacités du moi. Elle équivaut à «déclencher sa propre lumière et à la faire briller. L'expression de soi est une réponse «Oui!». L'inhibition est une réponse «Non!». Elle écarte l'expression de soi, elle assombrit ou éteint votre lumière.

Dans le «combat fictif» vous pratiquez l'expression de soi en l'absence de tout facteur d'inhibition. Vous apprenez les mouvements corrects à effectuer. Vous dressez une «carte mentale» que la mémoire conserve. Une vaste carte d'ensemble et adaptable. Lorsque vous vous trouvez par la suite dans une situation critique présentant une menace ou une cause d'inhibition, vous avez appris comment agir calmement et correctement. Il se produit dans vos muscles, vos nerfs et votre cerveau un «transfert» allant de l'entraînement à la situation présente. En vous remémorant cette Image-de-Soi victorieuse, vous devenez également capable de meilleures performances.

Le combat fictif vous aide à frapper dans le mille

Il y a peu, j'ai rendu visite à un ami; c'était un dimanche, dans la banlieue de New York. Son fils, âgé de 10 ans, avait l'ambition de devenir une vedette professionnelle de base-ball. Son entraînement sur le terrain était correct mais il n'arrivait pas à frapper la balle. Chaque fois que son père lançait la balle vers sa batte, le garçon paniquait et la ratait de 30 cm. Je décidai de l'aider. Je lui dis: «Tu as tellement envie d'atteindre la balle et tu as tellement peur de la rater, que tu ne peux plus la voir distinctement.» Toute cette tension et cette peur venaient troubler sa vision et ses réflexes: les muscles de son bras n'exécutaient plus les ordres de son cerveau.

«Et maintenant, pour les dix coups qui vont venir, lui dis-je, n'essaie pas du tout d'atteindre la balle. Laisse la batte sur ton épaule. Mais observe la balle *très* attentivement. Garde les yeux fixés sur elle depuis l'instant où elle quitte la main de ton père et celui où elle arrive sur toi. Laisse tout tomber et contente-toi seulement de bien suivre la balle des yeux.»

Après 10 essais exécutés de la sorte, je lui conseillai: «A partir de maintenant, continue à observer la trajectoire de la balle et à laisser la batte sur ton épaule; mais pense en toi-même que tu vas manoeuvrer la batte de façon qu'elle atteigne réellement la balle, efficacement et de plein fouet.» Ensuite je lui recommandai de se maintenir «à ressentir de cette même manière» et à continuer sa concentration sur la balle avec soin, et de «laisser» la batte effectuer le mouvement jusqu'à intercepter la balle, en ne faisant aucun effort pour frapper brutalement. Le garçon stoppa la balle. Après quelques essais faciles du même genre, il envoyait la balle se perdre au loin, et nous devinrent des amis pour la vie.

2) COMMENT FAIRE TRAVAILLER VOS «NERFS» POUR VOUS

Le mot «crise» dérive d'un mot grec signifiant littéralement «moment décisif», stade de la décision.

Une crise est comme une bifurcation sur une route, l'une des voies renferme la promesse d'une condition meilleure, et l'autre une condition encore pire. En médecine la «crise» est un point de non-retour où l'état du patient peut soit empirer et provoquer une issue fatale, soit s'améliorer et le faire revivre.

Hugh CASEY fut l'un des joueurs les plus calmes et les plus efficaces de tous les temps. On lui demandait un jour à quoi il pensait lorsqu'on le jetait dans un match à un moment critique.

«Je pense toujours *à ce que je vais faire* et *à ce que je veux qu'il arrive*, répondit-il, en ignorant ce qui peut arriver à moi-même ou à la batte.» Il disait qu'il se concentrait sur ce qu'il voulait voir arriver, sentait qu'il pouvait le faire arriver, et ça marchait généralement.

Cette attitude représente une autre clé essentielle pour bien réagir à toute situation de crise. Si nous sommes capables de conserver une attitude agressive, de réagir violemment et non pas négativement aux menaces et aux crises, c'est la situation elle-même qui agira comme un stimulus pour relâcher les forces inexploitées.

Il y a quelques années les journaux rapportèrent l'histoire d'un «géant» Noir qui réussit à faire ce que deux camions de dépannage et plusieurs hommes ne pouvaient accomplir. Il souleva la cabine métallique écrasée d'un camion pardessus son chauffeur resté bloqué à l'intérieur. Il arracha à mains nues la pédale de frein qui emprisonnait le pied du conducteur. Il chassa les flammes qui s'élevaient du plancher de la cabine avec ses seules mains. Lorsqu'on retrouva par la suite ce «géant» et qu'on l'identifia il se révéla être tout à fait normal. Charles Dennis JONES mesurait 1,80 m et pesait 98 kg. Il donna pour explication à son action d'éclat: *«Je hais le feu». Quatorze mois plus tôt, sa petite fille de 8 ans avait péri dans l'incendie qui avait détruit sa maison («Un homme ignore tout ce qu'il peut faire», Reader's Digest, Octobre 52).*

La crise amène la puissance

Le neurologue J.A. HADFIELD a fait une étude approfondie des extraordinaires pouvoirs physiques, mentaux, émotionnels et spirituels qui viennent assister les hommes et les femmes ordinaires au cours d'une crise.

Le secret réside dans une attitude «d'acceptation tranquille du défi» et de «mise en oeuvre confiante de notre force».

Cela veut dire: conserver une attitude agressive et dirigée sur un but au lieu d'une attitude défensive négative ou de fuite: «Peu importe ce qui peut arriver, je suis capable de faire face, ou de tenir jusqu'au bout», plutôt que: «J'espère qu'il n'arrivera rien.»

Gardez votre but présent à l'esprit

Conserver un but en tête constitue l'essence même de cette attitude agressive. Gardez votre but positif personnel présent à l'esprit. Votre intention est de «traverser» l'expérience critique afin de réaliser votre but. Conservez le but positif originel et ne vous égarez pas sur des fins secondaires provoquées par la situation critique: désir de fuir, de se cacher, d'éviter. Ou pour employer l'expression de William JAMES, votre attitude est une attitude de «combat» au lieu d'être une attitude de peur ou de fuite. Si vous y arrivez, c'est la situation de crise elle-même qui agit comme un stimulus *dégageant une puissance supplémentaire* pour vous aider à réaliser votre but.

LECKY a dit que le but d'une émotion est de «renforcer» ou de fournir une force nouvelle plutôt que de servir de signe de faiblesse. Il pensait qu'il existe une seule émotion fondamentale — «l'excitation» — et qu'elle prend la forme de la peur, de la colère, du courage, etc., en fonction de nos buts personnels intimes du moment et que nous sommes organisés intérieurement pour résoudre un problème, ou le fuir, ou le détruire.

Ne confondez pas l'excitation avec la peur

Toute personne normalement constituée et assez intelligente pour comprendre la situation, devient «excitée» ou «nerveuse» dans la période qui précède une situation de crise. Avant que vous ne canalisiez cette excitation vers un but, elle n'est ni de la peur, ni de l'angoisse, ni du courage, ni de la confiance, mais rien d'autre qu'un apport renforcé de courant émotionnel dans votre «marmite» interne. Elle *n'est pas* un signe de faiblesse. C'est un signe de force additionnelle à employer *de toutes les façons que vous choisirez*. Il arrivait à Jack DEMPSEY d'être si nerveux avant un combat, qu'il ne parvenait pas à se raser. Son excitation était telle qu'il ne pouvait rester assis ni debout. Pourtant il n'interprétait pas cette agitation comme un signe de peur. Il ne *décidait* pas de fuir à cause d'elle. Il persévérait, et l'utilisait pour ajouter davantage de «dynamite» dans ses coups.

Les acteurs chevronnés savent bien que le sentiment d'excitation qui précède une représentation est un bon signe. Beaucoup font délibérément «monter la tension» émotionnelle en eux juste avant d'entrer en scène. Et le bon soldat est souvent celui qui se «sent excité» au seuil de la bataille.

3) «QUE POURRAIT-IL ARRIVER DE PIRE?»

Face à une *crise véritable*, vous avez besoin de beaucoup d'excitation. Dans une situation de crise, l'excitation peut être utilisée à votre avantage. Mais si vous surestimez le danger ou la difficulté, si vous réagissez à une information fausse, déformée ou irréaliste, vous ferez surgir presque à coup sûr beaucoup plus d'excitation que les circonstances n'en requièrent. Toute cette excitation ne peut être employée à de bonnes fins, car la menace réelle est bien plus mince que vous l'estimez. Cette excitation ne peut plus être «balayée» par une action créatrice. Elle ne vous quitte pas, elle est ravalée sous forme de «trouille» ou de «frousse». Un fort excès d'excitation émotionnelle peut être dommageable à l'action au lieu de l'aider, tout simplement parce qu'elle est hors de propos.

Le philosophe et mathématicien Bertrand Russell nous enseigne une technique qu'il a essayée sur lui-même avec profit pour modérer une excitation excessive: «Quand un malheur vous menace, considérez attentivement et délibérément le pire qui puisse vous arriver. Après avoir regarder ce malheur possible bien en face, donnez-vous de bonnes raisons de penser qu'après tout cela ne serait pas si affreux. De telles raisons existent toujours puisqu'en mettant les choses au pire, rien de ce qui nous arrivent n'a une importance cosmique. Lorsque vous aurez pendant quelque temps considéré avec fermeté la pire éventualité et que vous vous serez dit avec une conviction réelle: «Eh bien, après tout, cela n'importera pas beaucoup», vous constaterez que votre inquiétude aura décru dans une mesure considérable. Il peut être nécessaire de répéter le processus plusieurs fois, mais à la fin, si vous n'avez rien négligé en envisageant la pire possibilité, vous verrez que votre inquiétude disparaît entièrement pour être remplacée par une sorte d'enjouement» (ouvrage cité).

Qu'avez-vous à perdre?

Un examen attentif montrera que la plupart de ces soi-disantes «situations de crise» quotidiennes ne sont pas le moins du monde une question de vie ou de mort, mais les occasions des *opportunités* pour vous, soit de progresser, soit de stagner. Par exemple, quelle est la pire chose qui peut arriver à un représentant? Soit il obtiendra la commande et en sortira avec un meilleur moral qu'auparavant, soit il ne l'obtiendra pas et il ne sera pas dans un pire état qu'avant de téléphoner.

Peu de gens se rendent compte quelle puissance peut procurer un simple changement d'attitude. Un représentant de ma connaissance vit son salaire doubler dès qu'il sut transformer son attitude suivante de peur et de panique: «tout dépend de tel élément» en cette perspective nouvelle: «je n'ai rien à perdre et tout à gagner».

Souvenez-vous avant tout que la clé de n'importe quelle situation de crise, c'est VOUS. Étudiez et mettez en application les techniques simples contenues dans ce chapitre et, comme des centaines d'autres avant vous, vous pourrez apprendre à faire travailler une crise *pour* vous en la transformant en une opportunité créatrice.

(1) Livre II chap. VII. L'événement relaté se passe à Paris, rue St-Thomas-de-l'Enfer (NDT).

CHAPITRE XIV

Comment acquérir ce «sentiment de victoire»

Votre mécanisme créateur automatique est téléologique, c'est-à-dire qu'il opère en fonction de buts et du résultat final. Dès le moment où vous lui donnez un but précis à accomplir, vous pouvez vous fier à son système de guidage automatique pour vous conduire jusqu'à ce but, et ceci beaucoup mieux que «vous» ne pourriez jamais le faire consciemment. En prenant l'habitude de penser au résultat final, «vous» lui fournissez le but. Votre mécanisme automatique trouve ensuite les moyens pour y parvenir.

Pensez en termes de possibilité

Mais pour que cela réussisse, c'est à «Vous» de fournir le but. Et pour fournir un but qui soit capable d'éveiller votre mécanisme créateur, vous devez considérer le résultat final *comme s'il était une possibilité déjà présente.* La *possibilité* de l'accomplissement du but doit être perçue si clairement qu'elle en devient «réelle» pour votre cerveau et votre système nerveux, et tellement réelle qu'apparaissent les mêmes sentiments qui seront présents lors de la réalisation du but[1].

Tout ceci n'est pas si difficile ni si mystérieux qu'il apparaît au premier abord. Vous et moi le pratiquons tous les jours. Qu'est-ce, par exemple de s'inquiéter de possibles résultats futurs défavorables accompagnés de sentiments d'anxiété, d'incertitude ou même d'humiliation? Quel que soit le but, nous faisons à l'avance l'expérience des émotions que nous éprouverions si nous avions déjà échoué. Nous nous représentons notre échec non pas vaguement ou d'une manière générale mais fortement et dans tous ses détails. Nous ressassons en nous-même les images de notre défaite. Nous ramenons à la surface de notre mémoire les images de nos échecs et déceptions passé.

Rappelez-vous ce que nous avons souligné plus haut: notre cerveau et notre système nerveux végétatif ne peuvent pas faire la différence entre une expérience réelle et une expérience *imaginée jusque dans ses moindres détails*. Notre mécanisme créateur automatique agit et réagit toujours d'une façon appropriée à l'environnement, aux circonstances ou à l'habitude présente. La seule information dont on dispose sur l'environnement, les circonstances ou la situation est celle qu'*on estime être vraie*.

Réglez votre mécanisme vers le succès

S'il ne devait exister qu'un secret pour faire fonctionner votre mécanisme créateur inconscient, ce serait celui-ci: appelez, évoquez et capturez le «sentiment de victoire» (confiance, courage et foi dans le résultat final). Quand vous vous sentirez confiant et assuré de gagner, vous agirez avec succès. Si le sentiment est assez fort, vous ne pourrez pas échouer.

Ce n'est pas le «sentiment de victoire» en lui-même qui vous entraîne à agir avec réussite, mais ce sentiment est davantage un signe ou un repère qui indique qu'on est sur la voie du succès; un peu à l'image du thermostat, lequel n'est pas à l'origine de la chaleur qui règne dans la pièce mais se contente de la mesurer. Et cependant ce thermostat est bien utile. Souvenez-vous: quand vous expérimentez ce sentiment de victoire, votre mécanisme interne est réglé pour le succès.

Un effort trop grand pour susciter consciemment la spontanéité équivaut à détruire l'action spontanée. Il est beaucoup plus facile et plus efficace de définir simplement votre but ou le résultat final.

Cela peut paraître difficile mais on y arrivera

Ce sentiment de victoire est réellement magique, apparemment il est en mesure d'annihiler tout obstacle ou impossibilité. Il est capable d'utiliser les erreurs et les fautes pour les transformer en succès. Jim C. PENNEY nous raconte qu'il a entendu son père dire sur son lit de mort «je sais que Jim réussira». À partir de cet instant, Penney sentit qu'il triompherait d'une manière ou d'une autre, quoiqu'il n'eût aucun biens, ni argent, ni instruction. J. C. Penney implanta une chaîne de magasins en dépit de nombreuses circonstances difficiles et de fréquents moments de découragement. Cependant lorsque Penney se sentait accablé il lui suffisait de se rappeler la prédiction de son père pour «sentir» qu'il pourrait, d'une façon ou d'une autre, balayer le problème auquel il était confronté.

Après avoir fait fortune, il perdit tout à un âge auquel la plupart des hommes sont depuis longtemps en retraite. Il se retrouva sans un sou, sa jeunesse envolée et sans la moindre lueur d'espoir. Mais il se rappela à nouveau les mots de son père et réussit instantanément à «capturer» une fois de plus le sentiment de victoire qui lui était devenu familier. Il rebâtit sa fortune et il lui suffit de quelques années pour se retrouver à la tête d'un nombre encore plus important de magasins.

Comment ce sentiment de victoire conduisit Les Giblin au succès

Les Giblin, le célèbre fondateur des «Les Giblin Humans Relations Clinics» et auteur du livre «Comment acquérir puissance et confiance dans les relations avec autrui», ayant lu la première ébauche de ce chapitre, me dit ensuite combien l'imagination associée à ce sentiment de victoire avait agi d'une manière presque miraculeuse sur le déroulement de sa propre carrière.

Depuis des années, L. Giblin avait été un excellent vendeur puis un chef de vente. Il avait travaillé dans le domaine des relations publiques et avait acquis une réputation d'expert en relations humaines. Il aimait son travail mais il voulait élargir son champ d'activité, s'intéressant avec passion aux individus. Après des années d'études, aussi bien pratiques que théoriques, il pensait être en mesure de fournir des réponses aux problèmes auxquels sont confrontés les gens les uns avec les autres. Il désira alors enseigner les relations humaines. Mais l'obstacle majeur était pour lui son manque d'expérience à parler en public. «J'avais associé le sentiment de confiance et de succès à l'image que je me faisais de ma future carrière. Mon sentiment de succès était tellement réel que je sus alors parfaitement que je pouvais réussir. J'avais acquis ce que vous appelez «ce sentiment de victoire» et depuis il ne m'a jamais quitté. Bien qu'à l'époque aucune voie ne paraissait ouverte pour moi et que mon rêve semblait impossible à réaliser, je le vis devenir réalité en moins de 3 ans; presque tel que je l'avais imaginé et ressenti. Étant relativement peu connu et en raison de mon manque d'expérience, aucune agence importante ne voulait m'engager. Cela ne me découragea pas. Je devins moi-même mon propre agent et à présent je le suis toujours. J'ai eu davantage de propositions pour des conférences que je ne peux en faire».

Comment la science explique ce sentiment de victoire

L'apprentissage d'une compétence est en grande partie dû à la pratique d'essais accompagnés d'erreurs jusqu'à ce qu'un certain nombre de «coups» heureux ou d'actions victorieuses aient été enregistrés dans la mémoire.

Les cybernéticiens ont construit ce qu'ils appellent une «tortue électronique» qui est capable d'apprendre son chemin dans un labyrinthe. Lors du premier parcours la tortue fait de nombreuses erreurs. Elle se heurte constamment aux murs et aux obstacles. Mais à chaque fois qu'elle rencontre un obstacle elle opère un mouvement de 90 degrés et elle fait un nouvel essai. Si sa course la conduit à nouveau contre un mur, elle effectue un autre virage et continue sa progression. En fin de compte, après de multiples erreurs, de nombreux arrêts et changements de direction, la tortue arrive à la sortie du labyrinthe. Cependant l'animal électronique «se rappelle» les changements de direction qui ont été efficaces, et lors du prochain parcours elle reproduit ou «rejoue» ces mouvements qui ont été couronnés de succès, et elle parvient rapidement à la sortie. Le but de l'exercice est de faire des essais répétés, de corriger constamment les erreurs, jusqu'à ce qu'on enregistre un «coup heureux».

Imprégnez votre matière grise de modèles de réussite

Le Président Elliot de Harvard fit un jour un exposé sur ce qu'il appelle «l'habitude du succès». Selon lui beaucoup d'échecs à l'école primaire sont dus au fait qu'on ne donne pas aux élèves, dès le départ, une quantité suffisante de travaux dans lesquels ils *peuvent réussir*, et ainsi ils n'on jamais l'opportunité de développer une «atmosphère de succès», ou ce que nous appelons le «sentiment de victoire».

En nous arrangeant pour réussir des petites choses nous créons une atmosphère de succès qui persistera pour des actions plus importantes. Petit à petit il devient possible d'entreprendre des tâches de plus en plus difficiles et après les avoir réussies nous serons en mesure d'affronter quelque chose d'encore plus ardu. Le succès se bâtit littéralement sur le succès et il y a beaucoup de vérité dans la phrase: «Rien ne réussit aussi bien que le succès».

Le secret est dans la progression graduelle

Le principe est simple: commencez avec un «adversaire» sur lequel vous *pouvez* gagner, ensuite attaquez-vous peu à peu à des tâches de plus en plus difficiles.

Je connais un excellent vendeur qui utilise le même principe pour remonter la pente après un effondrement des ventes. Il renonce à vouloir faire de gros marchés, à vouloir vendre à des «clients difficiles», et se limite à de petites ventes aux clients qu'il sait être «dans la poche».

Comment «rejouer» le programme
de vos modèles personnels de succès

Tout le monde, un jour ou l'autre, a expérimenté le succès, même si cela n'a pas été nécessairement une grande victoire. Il a pu s'agir de quelque chose d'aussi futile que d'avoir fait front au caïd de la classe et de l'avoir battu. Ou il peut s'agir simplement du souvenir d'une vente réussie. Ce que l'on réussit n'est pas tant important que le sentiment de victoire qui l'accompagne. La condition nécessaire c'est d'avoir fait l'expérience de réussir ce que l'on désirait, de parvenir au but que l'on s'était fixé et d'une manière qui procure un certain sentiment de satisfaction.

Plongez dans votre mémoire et revivez ces expériences réussies. Faites revivre en imagination la scène entière telle qu'elle s'est passée dans tous ses détails. «Voyez» avec les yeux de l'esprit non seulement l'événement principal, mais également toutes les circonstances fortuites qui ont accompagné votre succès. Quels sons entendiez-vous? Quel était votre environnement? Qu'est-il arrivé d'autre autour de vous à ce moment-là? Quels objets vous entouraient? À quelle époque cela avait-il lieu? Aviez-vous chaud ou froid? Et ainsi de suite.

Plus vous pourrez vous rappeler de détails, meilleur cela sera. Si vous pouvez vous souvenir avec une précision suffisante de ce qui s'est déroulé lors d'un succès passé, vous retrouvez le même sentiment que vous éprouviez à ce moment-là. Et maintenant, après avoir fait remonter à la surface ce «sentiment généralisé de succès», consacrez toute votre attention aux entreprises où vous voulez réussir *maintenant*, que ce soit une vente, une conférence, un discours, une transaction d'affaire ou un tournoi de golf. Employez toute votre imagination créatrice à vous représenter comment vous agiriez et quels sentiments vous éprouveriez si vous aviez *déjà réussi*.

«Ressassez» positivement et constructivement

Commencez à «jouer» mentalement avec l'idée d'un succès complet et inévitable. Sans aucune contrainte. N'essayez pas de torturer votre esprit. Ne tentez pas de réaliser cette conviction voulue en ayant recours à l'effort ou à la volonté. Contentez-vous de faire ce que vous faites habituellement lorsque vous vous souciez; mais «inquiétez-vous» en vue d'un but positif et d'un résultat désirable, davantage que pour un but négatif et pour un résultat peu souhaitable.

Ne jamais commencer par vouloir à toute force se créer une foi absolue dans le succès; pour un début ce serait un trop gros effort mental à «digérer». Agir «graduellement». D'ordinaire, on part d'une «supposition». On se dit mentalement:«supposons que telle et telle chose se produise». On se répète mentalement encore et encore cette idée en soi-même. On «joue avec elle». Ensuite seulement vient l'idée de la «réalisation» possible. On se dit: «Eh bien après tout, c'est possible que ça arrive.» Cela *peut* se produire. Vient alors l'imagerie mentale.

Comment faire progresser la foi et le courage

Parcourez ces images mentales et fignolez-en les détails et les raffinements. Rejouez-les encore et encore. Au fur et à mesure que vos images mentales deviennent plus précises, au fur et à mesure qu'elles sont répétées sans cesse, vous constaterez une fois de plus que des *sentiments correspondants* apparaissent, exactement comme si un résultat favorable s'était déjà produit. Cette fois ces sentiments correspondants seront la foi, la confiance en soi, le courage qui, lorsqu'ils coexistent au même instant, constituent ce «Sentiment de Victoire».

La peur est mauvaise conseillère

On demandait un jour au Général de la Seconde Guerre mondiale, George PATTON, surnommé «tout dans le sang et les tripes», s'il avait déjà ressenti la peur avant une bataille. Oui, répondit-il, il avait souvent affronté la peur juste avant un engagement important, et quelquefois, au cours d'une bataille, mais, ajoutait-il, «je n'ai jamais suivi ses mauvais conseils».

Il est important, tout d'abord, de comprendre que les sentiments négatifs — la peur, l'angoisse, le manque d'assurance — ne découlent pas de quelque oracle céleste. Ils ne sont pas écrits dans les étoiles. Ils ne sont pas «parole d'évangile». Pas plus que les desseins prédéterminés d'un «fatum» qui aurait décidé et décrété l'échec. Leur source est votre propre esprit. Ils sont simplement le reflet de vos *attitudes mentales intimes*, et non pas de forces extérieures dressées contre vous. Ils signifient simplement que vous sous-estimez vos propres capacités et surestimez et exagérez la nature des difficultés qui vous assaillent; que vous êtes en train de ressusciter le souvenir des faillites passées plutôt que celui de vos réussites. Ils ne signifient rien d'autre. Ils n'ont aucun rapport avec la vérité des événements futurs, ils sont uniquement le fruit de votre attitude mentale concernant ces événements futurs.

Sachant tout cela, vous êtes libre d'accepter ou de rejeter ces sentiments négatifs d'échec; de leur obéir et de suivre leurs conseils ou de les ignorer et passer outre. Il est plus avantageux de les utiliser pour votre propre profit[2].

Réagissez aux sentiments négatifs comme à un défi

En réagissant positivement et avec vigueur aux sentiments négatifs, ceux-ci deviennent des défis qui feront automatiquement jaillir en nous davantage de puissance et de capacité. L'idée de difficulté, de danger, de menace, si nous y répondons d'une manière agressive et non passive, fait se lever en nous une force supplémentaire.

Les suggestions négatives et décourageantes peuvent généralement être tenues pour responsables de la chute immédiate et importante du score. Cependant il peut arriver que de telles suggestions négatives deviennent pour le sujet un «défi» et lui donnent l'occasion d'une performance encore meilleure. Par exemple un sujet, qui s'appelait Pearce, réalisait couramment un bon score par pur hasard (5 bonnes réponses sur un jeu de 25 cartes). Le Dr Rhine décida de tenter de mettre Pearce au défi de faire mieux, en pariant avant chaque nouvel essai qu'il ne trouverait pas la prochaine bonne carte. «Il devint évident au cours du test que Pearce atteignait un grand degré d'excitation. Le pari n'était qu'un moyen commode de le forcer à se jeter dans le test avec enthousiasme.» Pearce réussit à nommer correctement les 25 cartes!

Vaincre le mal par le bien

On ne chasse pas un «mauvais» sentiment par un effort conscient ni par la volonté. Cependant il peut être dissipé par un autre sentiment. Si l'on ne peut balayer un sentiment négatif en l'attaquant de front nous pouvons parvenir à ce résultat en lui substituant un sentiment positif. Rappelons-nous que le sentiment suit l'imagerie. Le sentiment coïncide avec ce que notre système nerveux considère comme «réel» ou «monde vrai», et il lui correspond. Lorsque nous nous trouvons sous l'effet de sentiments désagréables, nous ne devons pas nous concentrer sur eux, même dans l'intention de les faire disparaître. Nous devons au contraire nous concentrer immédiatement sur une imagerie positive, nourrir notre esprit d'images et de souvenirs exclusivement positifs et désirables. En agissant ainsi, les sentiments négatifs ne dépassent pas la mesure. Simplement ils s'évaporent. Nous développons de nouveaux modes de sentir correspondant à la nouvelle imagerie.

La méthode de substitution pour soigner l'inquiétude

Un psychologue moderne, le Dr Matthew CHAPPELL, ne recommande pas autre chose dans son livre «Comment surmonter l'inquiétude». Nous sommes inquiets, selon lui, parce que nous entretenons l'inquiétude jusqu'à en devenir ses adeptes. Nous avons coutume de nous laisser aller dans une imagerie négative du passé, et d'anticiper sur celle à venir du futur. Ce pessimisme est générateur de tension. L'homme tourmenté fait alors un «effort» pour stopper l'anxiété et il devient ainsi prisonnier d'un cercle vicieux. L'effort accroît la tension. La tension entretient une «atmosphère d'inquiétude». La seule façon de guérir celle-ci, dit-il, consiste à prendre l'habitude de substituer instantanément aux images déplaisantes des images mentales tout à fait agréables. Chaque fois que le sujet constatera qu'il est inquiet, il devra prendre cela pour le «signal» qu'il est temps de nourrir sans tarder son esprit d'images mentales délectables du passé ou d'imaginer des expériences futures agréables. Il arrivera un moment où l'inquiétude se vaincra elle-même car elle sera devenue un stimulus pour la pratique de l'anti-inquiétude.

Le choix vous appartient

Vous possédez un vaste réservoir interne d'expériences et de sentiments passés, à la fois d'échecs et de succès. À l'image d'une bande magnétique inemployée, ces expériences et ces sentiments sont enregistrés sur les engrammes des neurones de votre matière grise. Il y a des enregistrements d'histoires qui finissent bien et d'histoires qui finissent mal. Les unes sont aussi vraies que les autres, et aussi réelles les unes que les autres. Le choix vous appartient pour sélectionner la bande à rejouer.

Une autre découverte scientifique intéressante concernant ces engrammes est qu'ils peuvent être changés ou modifiés, un peu comme on remanie un enregistrement magnétique en y ajoutant après coup des éléments sonores additionnels, ou en remplaçant un ancien enregistrement par un nouveau qui vient l'effacer.

Nous savons maintenant que non seulement le passé influence le présent mais que le présent influe manifestement sur le passé. En d'autres termes, nous ne sommes ni condamnés ni damnés par notre passé. Ce n'est pas parce que nous avons eu une enfance malheureuse et traumatisante qui a laissé des engrammes que nous sommes à la merci de ces engrammes, ou que nos modèles de comportement sont pré-établis, pré-déterminés et inamovibles. Notre *pensée actuelle*, nos *habitudes mentales actuelles*, nos attitudes envers les expériences passées et envers le futur, tout a une influence sur les anciens engrammes enregistrés. Ce qui est vieux peut être changé, modifié, remplacé par notre pensée actuelle[3].

Ce nouveau concept implique toutefois une certaine responsabilité. Dès lors vous ne pouvez plus vous consoler en blâmant et en attribuant vos difficultés actuelles à vos parents, à la société, à vos expériences passées ou à l'injustice d'autrui. Ces éléments extérieurs peuvent et doivent vous aider à comprendre comment vous en êtes arrivés là. Les critiquer ou les accuser, ou vous condamner vous-même pour les erreurs d'autrefois ne résoudra en rien le problème ni n'améliorera votre présent pas plus que votre avenir. Il n'y a aucun mérite à se blâmer soi-même. Le passé explique votre situation actuelle; maintenant c'est à vous de savoir où vous voulez aller en toute responsabilité. Le choix vous appartient. Tel un électrophone délabré, vous pouvez continuer à jouer le même vieux «disque usagé» de votre passé, à revivre les injustices révolues, à vous apitoyer sur vous-même et sur vos erreurs anciennes; tout ceci ne fait que réveiller davantage les modèles ou les sentiments d'échec qui assombrissent votre présent et votre avenir.

Au contraire, si vous choisissez, vous pouvez passer un nouveau disque et redonner vie aux modèles du succès et à ce «sentiment de victoire» qui vous aide à améliorer le présent et vous promet un futur plus souriant.

(1) Il me semble capital de rappeler les mots de William James: «Quant au sentiment, qui joue le premier rôle, comment le caractériser? C'est sans contredit une excitation joyeuse, une expansion «dynamogénique» qui tonifie et ranime la puissance vitale» (NDT)

(2) Dans nos séminaires de psychocybernétique, nous apprenons à devenir attentif à détecter les infonctions anciennes qui nous crient «silencieusement»: «ne parle pas!» «reste tranquille» «tu ne feras jamais rien dans la vie», etc., afin de stopper cette bande magnétique sans fin et la remplacer par une autre bande plus positive (NDT) (puisque page 49 en note 2 il est fait mention des cassettes).

(3)«Le passé détermine le présent, mais le présent agit sur notre interprétation du passé, de sorte que le passé est toujours interprété à la lumière de la situation présente: il y a donc interaction entre le présent et le passé», Piaget. Mes Idées (NDT).

CHAPITRE XV

Comment ajouter des années à votre vie
et de la vie à vos années[1]

Chaque être humain aurait-il une fontaine de jouvence intérieure? Le Mécanisme de Succès peut-il nous conserver jeune? Le Mécanisme d'Échec accélérerait-il le «processus de vieillissement»?
Nous ne sommes pas seulement des réceptacles mais des *canaux* d'énergie. La vie et la puissance ne sont pas contenues en nous mais elles *circulent à travers nous.* La volonté de l'homme ne se mesure pas comme l'eau stagnante d'un puits, mais à l'image du réservoir sans limites des nuages du ciel... Que cette impulsion soit vue comme énergie cosmique, force de vie, ou tout ce qui peut être en rapport avec l'immanence divine de la Nature, c'est à d'autres chercheurs de le dire.» (J. A. Hadfield, «Psychologie de la Puissance.)

La science découvre la force vitale

De nos jours, cette «force vitale» a été reconnue comme un fait scientifique par le Dr Hans SELYE de l'Université de Montréal qui, depuis 1936, a étudié les problèmes de stress[2]. À la suite de nombreuses études et expérimentations de laboratoires, il a prouvé cliniquement l'existence d'une force vitale de base, qu'il dénomme «énergie d'adaptation». Tout au long de la vie, du berceau à la tombe, nous sommes quotidiennement forcés de nous «adapter» à des situations de contraintes. Même le fait de vivre est un stress, c'est-à-dire adaptation permanente.
Pour moi, la découverte la plus importante du Dr Selye est d'avoir démontré que le corps humain est construit pour se maintenir lui-même en bonne santé, pour se guérir lui-même de la maladie, et pour rester jeune dans la plénitude de ses moyens grâce aux éléments qui accompagnent le 3e âge. Le Dr Selye

117

n'a pas seulement prouvé que le corps est capable de se guérir lui-même, mais qu'en définitive c'est sa seule façon de se «guérir». Les médicaments, la chirurgie et les médecines agissent principalement soit en exaltant les mécanismes personnels de défense lorsqu'ils sont devenus déficients, soit en les réduisant lorsqu'ils sont en excès. C'est l'énergie d'adaptation qui, finalement, vainc la maladie, cicatrise la blessure ou la brûlure, et remporte la victoire sur tous les autres «stress».

L'énergie d'adaptation serait-elle le secret de la jeunesse?

Cette énergie d'adaptation, cet élan vital, cette force vitale — appelez-la comme vous voulez — se manifeste de différentes façons. L'énergie qui cicatrise une blessure *est la même* énergie est à son optimum, tous nos organes sont au mieux, nous nous sentons bien dans notre peau, la vitesse de cicatrisation est plus rapide, nous sommes plus «résistant» aux maladies, nous nous rétablissons plus vite de n'importe quel stress, nous agissons et nous nous sentons «plus jeune», et en vérité, biologiquement, nous sommes plus jeune. Il est donc possible de relier les différentes manifestations de cette force vitale et de se souvenir de ceci: *peu importe ce qui nous permet d'avoir toujours cette force vitale à notre disposition*; peu importe ce qui nous ouvre à ce «supplément de vie»; peu importe ce qui nous aide à mieux utiliser: tout cela aide la *totalité* de notre être.

Si le «vieillissement» est amené par l'«épuisement» de notre énergie d'adaptation ainsi que semble le penser la plupart des experts en ce domaine, alors notre propre indulgence envers les éléments négatifs du «mécanisme d'échec» peut littéralement nous vieillir avant l'heure. Depuis bien longtemps, les philosophes nous ont enseigné, et de nos jours la recherche médicale le confirme, que le ressentiment, la vengeance et la haine font plus mal à nous-même qu'à la personne vers laquelle nous les destinons.

Ceux qui se guérissent rapidement: quel est leur secret?

Parmi mes patients qui ne reçurent pas le sérum, il y en eut qui réagirent à l'opération aussi favorablement que la moyenne des patients l'ayant reçu. La différence en âge, la diète, la tension artérielle, etc., ne donnèrent aucune explication valable. Il y avait cependant un point commun, présent chez tous ceux qui guérissaient rapidement, et qui fut découvert aisément. Ces sujets étaient optimistes, du genre «penseur positif» et de bonne humeur, espérant bien «aller mieux» en peu de temps. Mais invariablement, ils avaient une *raison* ou un *besoin* impérieux de se rétablir rapidement. Ils avaient «quelque chose à entreprendre»; et non seulement «quelque chose à vivre» mais «une obligation pour aller mieux».

«Il faut que je retourne à mon travail», je dois sortir d'ici car je dois faire ce que j'ai à faire», étaient des réflexions habituelles.

Serait-il possible que l'optimisme, la confiance, la foi, la gaieté, une dynami-que émotionnelle puisse être aussi efficace que le sérum anti-granulaire, et même accélérer la guérison et nous conserver plus jeunes? Notre Mécanisme de Suc-cès serait-il une espèce de sérum interne de jeunesse, présent en nous, et que nous pourrions utiliser pour plus de vie, pour plus d'énergie?

Les pensées agissent sur nos organes autant qu'une modification fonctionnelle

Nous savons très bien ceci: les attitudes mentales *peuvent* influencer les méca-nismes de guérison du corps. Les placebos ou «pastilles de sucre» (capsules con-tenant des ingrédients neutres) ont été longtemps un mystère pour la médecine. Ils ne contiennent aucune substance qui puisse amener la guérison, Cependant, lorsque les placebos sont donnés à un groupe de contrôle afin de tester l'effica-cité d'un nouveau médicament, le groupe recevant les fausses pilules montre presque toujours de l'amélioration, et parfois autant que le groupe recevant le médicament. Bien plus, des étudiants qui recevaient des placebos montrèrent véritablement plus d'immunité contre les rhumes que le groupe recevant un nou-vel antibiotique.

De nos jours, nombreux sont les médecins qui pensent qu'une forme simi-laire de «traitement suggestif» constitue la meilleure médecine contre les ver-rues. Celles-ci sont peintes en bleu de méthylène, à l'encre rouge ou n'importe quelle couleur, puis un rayon lumineux est envoyé pour les «traiter». Le «Jour-nal of the American Medical Association» déclare: Les facteurs d'une thérapie suggestive contre les verrues semble être le cas-type en faveur de la réalité d'un tel processus suggestif.»

Aux patients qui reçoivent le placebo, ou au cours de la thérapie suggestive contre les verrues, *on ne doit pas dire* que le traitement est faux si l'on veut qu'il soit efficace. Les patients *croient* qu'ils reçoivent une thérapeutique légi-time qui «va leur apporter la santé». En prenant ce «médicament», l'espoir d'une amélioration se fait jour, l'image-de-but de la santé est programmée, et le méca-nisme créateur général va travailler à travers le mécanisme de santé du corps pour réaliser le but.

Le Dr Selye suggère que dans le mécanisme du vieillissement qui est à l'oeu-vre, le «vieil âge» peut être reculé en abaissant: d'une part le taux de production des toxines; et d'autre part en aidant le système d'élimination des déchets. Dans le corps humain ce sont les capillaires qui sont les canaux à travers lesquels les déchets sont éliminés. Et il est définiviement reconnu que le manque d'exer-cice et l'inactivité «assèchent» littéralement les capillaires.

Activité = Vie

Lorsque nous nous décidons de limiter notre activité mentale et nos activités sociales, nous nous faisons un mensonge. Nous nous «installons» dans notre système, nous nous enfonçons et nous perdons nos «grands projets».

Prenez un individu en parfaite santé, d'une trentaine d'années, faites lui croire qu'il est «vieux», que les dépenses physiques sont dangereuses, que l'activité mentale est futile, et en 5 ans, j'en suis absolument convaincu, vous en aurez fait une «vieille personne». Si vous pouviez la suggestionner à demeurer assise toute la journée, à abandonner tous ses rêves concernant le futur, à n'avoir plus aucun intérêt pour les nouvelles idées, et à se regarder comme une personne «foutue», «sans valeur», sans importance et non productive, eh bien, je suis sûr que vous feriez l'expérience de la création d'un vieil individu.

Le Dr John SCHINDLER dans son fameux livre «Comment vivre 365 jours par an», a défini les six besoins nécessaires à chaque être humain:

1) Le besoin d'Amour
2) Le besoin de Sécurité
3) Le besoin de Créativité
4) Le besoin d'Être Reconnu
5) Le besoin de Nouvelles Expériences
6) Le besoin de sa Propre Estime

À ces six besoins, je voudrais en ajouter un autre... le besoin d'un *supplément de vie*: le besoin de regarder demain et le futur avec une joie anticipée.

Regardez en avant et vivez

Cela m'amène à une autre de mes convictions profondes.

Je crois que la vie elle-même est: adaptation; que la vie n'est pas seulement une fin en soi mais qu'elle est un moyen pour une fin. La vie est l'un des «moyens» dont nous avons le privilège d'user pour parvenir à nos buts importants suivant des voies multiples. Cette adaptation de la vie pour résoudre les problèmes de l'environnement est presqu'infinie; et il n'est pas nécessaire de les énumérer tous. Je tiens simplement à vous le faire remarquer pour en tirer une conclusion.

Si la vie elle-même s'adapte selon une variété infinie de formes pour être le moyen de parvenir à une fin, il n'est pas déraisonnable de dire que si nous nous plaçons dans la situation de but d'un *supplément de vie*, alors nous recevrons plus de vie.

Si nous pensons l'Homme comme «un être tendu vers un but», l'énergie d'adaptation ou Force de Vie devient le carburant ou l'énergie de propulsion qui conduit l'Homme vers son but. Il n'y a pas de raison de mettre de l'essence dans le réservoir d'une automobile dont le réservoir est déjà plein. Et un être tendu vers un but n'a pas besoin d'un supplément de Force de Vie.

Créez le besoin d'un supplément de vie

La créativité est sans doute l'une des caractéristiques de la Force de Vie. La quintessence de la créativité est un regard en avant vers un but. Les gens créatifs réclament plus de Force de Vie. Les tables de mortalité semblent confirmer ce fait. Le groupe des travailleurs de type créatif: chercheurs scientifiques, inventeurs, peintres, écrivains, philosophes... non seulement vivent plus longtemps mais demeurent productifs plus longtemps que le groupe des travailleurs non-créatifs (Michel-Ange produisit quelques-unes de ses meilleures oeuvres passé l'âge de 80 ans; Goethe écrivit Faust passé l'âge de 80 ans; Edison inventait encore à 90 ans; Picasso dominait toujours le monde de l'art après 75 ans; Wright, à 90 ans, était encore considéré comme le plus créatif de tous les architectes; Bernard Shaw écrivait toujours à 90 ans; Grandma Moses commença à peindre à 79 ans, etc.).

C'est pourquoi je recommande à mes patients de «développer une nostalgie du futur» à la place de celle du passé s'ils veulent demeurer productifs et en bonne santé. Développez un enthousiasme pour la vie; créez le besoin d'un supplément de vie et il vous sera donné plus de vitalité.

«Nous avons l'âge, non pas des ans, mais des événements; et de nos réactions émotionnelles à ces événements» dit le Dr Arnold A. Hutschnecker.

La foi, le courage, l'intérêt, l'optimisme, le regard en avant nous procurent une nouvelle vie et un supplément de vie. La futilité, le pessimisme, la frustration, le souvenir du passé ne sont pas seulement des caractéristiques du «vieil âge» mais ils contribuent à son avènement.

Prenez votre retraite mais ne prenez jamais la retraite de la vie

À partir de la retraite beaucoup d'hommes commencent à décliner rapidement. Ils ont le sentiment que leur vie active et productive est terminée et que leur métier est forclos. Ils n'ont plus rien à projeter; ils commencent à devenir ennuyeux; souvent ils souffrent d'un sentiment d'infériorité car ils sont «retirés» de la marche de la société. Ils développent alors une Image-de-Soi d'inutilité, de sans mérite, d'un être usé par le travail. Et un grand nombre d'entre eux meurent dans l'année qui suit leur mise à la retraite.

Ce n'est pas le fait de se retirer du travail qui tue ces hommes, mais le fait de se retirer de la vie. C'est l'impression d'être «sans emploi», ou d'être «hors de la course»; c'est l'affaiblissement de l'estime de soi, du courage et de la confiance qui sont malheureusement encouragés par l'opinion de la société actuelle.

Des concepts médicaux démodés et faux

Autrefois les physiologistes croyaient que toute activité physique était nocive pour l'homme au-delà de 40 ans. Nous, les médecins, sommes aussi responsables que tout le monde de recommander aux personnes au-delà de 40 ans de «ne pas se faire de soucis» et d'abandonner le golf et toute autre forme d'activité physique. Il y a 20 ans un fameux écrivain allait jusqu'à suggérer que toute personne de plus de 40 ans devrait s'asseoir lorsqu'elle peut s'asseoir et ne jamais s'asseoir lorsqu'elle peut se coucher, ceci pour «conserver» sa force et son énergie. Les physiologistes, les médecins, y compris les spécialistes cardiologues les plus éminents, nous disent maintenant que l'activité et même l'activité la plus vigoureuse est non seulement possible mais nécessaire pour se garder en bonne santé à n'importe quel âge. Vous n'êtes jamais trop vieux pour vous dépenser. Vous pouvez être seulement trop malade, ou si vous avez été inactif pendant trop longtemps, la rapidité de l'effort violent peut avoir un effet de stress puissant, être grave de conséquences et même être fatal.

Si vous avez passé 40 ans, oubliez le poids que vous leviez ou lanciez lorsque vous étiez collégien, oubliez la vitesse à laquelle vous couriez. Commencez par faire une marche dans votre quartier. Progressivement augmentez-la jusqu'à un kilomètre puis deux, et après 6 mois allez jusqu'à 5 kilomètres. Puis alternez le petit trot et la marche. D'abord courez 500 mètres par jour, puis 1 kilomètre. Plus tard ajoutez-y des «pompes», des flexions et si vous le pouvez entraînez-vous modérément aux haltères. Avec un tel programme appliqué à des hommes décrépits, «faibles», de 50, 60 et même 70 ans, le Dr Cureton a pu leur faire courir 5 km par jour au bout de 2 ans 2 1/2 ans. Ils se sentaient beaucoup mieux, mais de plus les examens médicaux démontrèrent une amélioration de leur fonction cardiaque ainsi que celle d'autres organes vitaux.

Le vrai but de chacun, ainsi que je l'ai dit au début, est d'avoir un supplément de vie. Quelle que puisse être votre définition du bonheur, vous l'expérimentez à la condition expresse d'expérimenter un supplément de vie. Un supplément de vie veut dire, entre autres, plus de réalisation, l'aboutissement de ses buts vitaux, plus d'amour sexuel reçu et donné, plus de santé et de réjouissance, plus de bonheur pour vous-même et les autres.

Je crois qu'il n'y a qu'UNE VIE, une source unique mais que cette VIE UNE a de nombreux canaux d'expression et qu'elle se manifeste à travers de nombreuses formes. Si nous sommes prêt à: «OBTENIR un SUPPLÉMENT de VIE de la VIE» nous ne devrions pas limiter les canaux par lesquels la vie vient à nous. Nous devons la recevoir d'où qu'elle vienne... de la forme de la science, de la religion, de la psychologie, ou tout autre moyen.

Un canal important nous vient par autrui. Ne refusons pas l'aide, le bonheur et la joie que les autres peuvent nous apporter ou que nous pouvons leur donner. Ne soyons pas trop fier pour refuser d'accepter l'aide venant des autres ni trop endurci pour en donner. Ne disons pas que c'est «impur» parce que la forme dù cadeau ne coïncide pas avec nos préjugés ou nos idées de supériorité.

Les idées et les exercices contenus dans ce livre ont aidé un grand nombre de mes patients à: «Obtenir un Supplément de Vie de la Vie». Mon espoir et ma croyance: qu'ils fassent la même chose pour vous et vous procurent les mêmes bienfaits.

(1) «Ajouter de la vie aux années, plutôt que des années à la vie»: devise de la Société Américaine de Géronto-
logie (NDT).
(2) Cf. note page 1 du chapitre VI.